LA FAMILLE

DU

VOLEUR

PAR

LE BARON LAMOTHE-LANGON.

II.

PARIS,
ALLARDIN, LIBRAIRE,
RUE DES POITEVINS, 3.

1836

LA FAMILLE
DU VOLEUR.

IMPRIMERIE DE MADAME POUSSIN, RUE MIGNON, 2.

LA FAMILLE

DU

VOLEUR

PAR

LE BARON LAMOTHE-LANGON.

II.

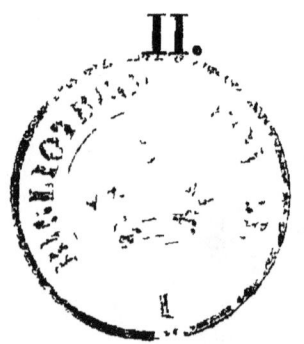

PARIS,
ALLARDIN, LIBRAIRE,
RUE DES POITEVINS, 3.

1836.

I.

Dieu est toujours là.

> Sans la certitude que la Providence existe, il
> n'y aurait pas de vertu sur la terre.
> *Recueil des Maximes.*

On aurait pu croire que Jules avait deviné le désir de sa maîtresse, car lui-même survint immédiatement chargé de deux flambeaux qu'il mit sur un guéridon placé entre Olivia et Lucie.

— Eh bien, dit la première, qu'avez-vous

fait de M. Rumin? viendra-t-il rendre ses hommages à mademoiselle Renal?

— Cela vous paraît-il d'une nécessité absolue? demanda Jules avec aigreur.

Au ton du propos, Olivia lui lança un regard qu'on aurait pu interpréter par ces paroles : *comment! a-t-il déjà parlé?* Puis elle dit :

— Ce n'est pas un simple manouvrier; il a un grade, et il porte la croix d'honneur; il a droit à des égards....

— Qu'il ne réclame pas, madame la comtesse.

— Dès lors ne nous embarrassons plus de lui; il nous aurait gênés d'ailleurs... Son austérité.... je vous ai dit déjà que c'était un philosophe.

— Il ne paraît point se soucier de nous voir intimement, repartit Jules. J'ai prévenu vos désirs; je lui ai dit que si notre société lui était agréable, je le présenterais à ma sœur; car, quant à vous, madame, la cérémonie est faite depuis long-temps, il m'a remercié et m'a répliqué par des phrases concises. J'ai compris que, sans fortune et ayant donné sa démission, il tenait à se renfermer dans sa sphère actuelle. C'est un homme de mérite et de sens.

— Vous dites cela d'un ton bien lugubre !

— J'envie son bonheur et sa position.

— Et ses principes en outre.

— Oui !... il est tranquille ; rien ne le trouble, et il n'est pas sorti...

— Etes-vous auteur tragique ? faites-vous des drames ou des romans ? voilà des phrases qui y mènent. Croyez-moi, ne vous abandonnez pas à la mélancolie.... Mais le temps vous pèse peut-être....

Et elle regarda machinalement tout autour du salon, un cri lui échappa :

— *Santo genaro !* dit-elle en frappant des mains en signe de joie, un clavecin ! *Ah! caro mio*, s'il était d'accord... il doit l'être, Laurent jouait du piano....

Elle se lève, court à l'instrument ; ses doigts

parcourent les touches avec rapidité, les interrogent....

— Oh! j'ai deviné juste. M. Rumin a passé par là.

Elle se tait, prélude, et bientôt sa voix expressive chante la romance suivante :

LA FEUILLE MORTE.

Nés des rayons du soleil qui s'éveille,
Quand les beaux jours brillent au ciel d'azur,
Et de nos prés quand la verte corbeille
Au loin exhale un parfum doux et pur,
A ce moment où tout se renouvelle,
De l'an passé reste morne et flétri,
Feuille séchée et que la mort appelle,
Pendant l'hiver tu n'as donc pas péri !

Et cependant d'un automne superbe,
J'ai vu flétrir le trône de gazon,
Le froid Auster a dispersé sur l'herbe
Tes jeunes sœurs dans l'arrière saison ;
Il est tombé le lys, fleur d'espérance,
Et le laurier d'un grand peuple chéri ;
Lorsque l'orage a grondé sur la France,
Pendant l'hiver tu n'as donc pas péri !

Tout doit finir sur la terre où nous sommes,
Et l'oranger au fruit délicieux,
Et la beauté qui séduit tant les hommes,
Et la vertu qui nous élève aux cieux.
A chaque pas, le sort ouvre une tombe,
Contre ses coups il n'est aucun abri :
Le fils des Dieux comme la fleur succombe,
Pendant l'hiver toi tu n'as pas péri !

Est-ce exister que languir desséchée,
Que rester seule au fond des bois touffus,
Sans une sœur à ta branche attachée ?
Pareil destin n'aurait que mes refus ;
Il faut avoir compagnons ou maîtresse ;
Sans eux jamais ton sort ne m'eût souri.
Pour qui n'a pas l'appui de la tendresse,
Avant l'hiver vaut mieux avoir péri !

Le goût parfait que mit l'Italienne à son chant enivra Jules et procura un vif plaisir à Lucie; tous les deux écoutaient encore lorsqu'elle avait fini; ce fut là leur applaudissement. L'un et l'autre la conjurèrent de continuer; elle s'y refusa, et, cédant enfin, leur fit entendre des variations brillantes sur le motif principal de cette romance; puis elle inventa un pot-pouri qu'elle appela un *pas-*

ticio et termina par des *cansonetta* légères et enlevantes, grâce à la mélodie de l'air. Olivia ne put quitter le vieux clavecin, dont elle tirait un parti si admirable, que lorsqu'on fut venu leur annoncer le souper.

Tous les trois passèrent dans une salle à manger qu'ils n'avaient pas vue encore; les dimensions étaient pareilles à celles des autres pièces du château; elle avait conservé des parties de sa somptuosité primitive. A chaque extrémité, il y avait quatre colonnes en marbre de Caunes pareilles à celles du grand Trianon, et qui formaient un double péristyle; le plancher était couvert de carreaux de marbre bleu et blanc, des fresques dues au pinceau du premier des Rivals (1) décoraient les murailles; l'imagination brillante de l'artiste avait représenté en quatre compartimens le triomphe d'une divinité présidant à chaque saison. Le Printemps offrait la pompe de Cybèle qui venait renouveler la parure de la Terre.

---

(1) Fameux peintres toulousains.

Flore, Zéphyre, les Dryades les Oréades, les Nymphes des eaux, accompagnaient la déesse.

Cérès venait ensuite sur son char traîné par le lion et le chien céleste; Triptolème l'accompagnait avec le soleil et les divinités du feu et celles des moissons. On apercevait plus loin Bacchus embrassant Ariane couronnée d'étoiles; on distinguait à l'entour, et Diane la chasseresse, et Vertumne, et Palès, et Pomone. Silène était là, conduisant les Menades, les Bacchantes, les Satyres; et enfin l'antique Saturne, la vénérable Vesta, arrivaient les derniers, dans un paysage tout de neiges et de glaces, où le riant Comus, où la Folie, les muses de la tragédie, de la comédie, celle de l'opéra et Momus accouraient escortés de masques et de la suite folâtre des amours et des jeux.

Ces mythes si élégans prêtaient au génie du peintre un secours que la froide réalité ne lui accorde pas. Tout riait dans ces tableaux pittoresques qu'embellissaient encore des nudités savamment exprimées et une riche variété de costumes qui attirait l'œil agréablement. La voûte simulait un ciel ouvert; quelques enfans ailés y poursuivaient des perroquets et les oiseaux au brillant plumage de l'Inde, de la côte d'Afrique et des vastes Andes. Mais l'absence des maîtres, l'incurie des paysans, avaient détérioré ces fresques si remarquables. La moisissure, l'humidité, l'infiltration des eaux continuaient leur ravage, et en beaucoup de parties, on n'apercevait plus que des restes et une confusion d'objets sans ensemble.

Cette magnificence d'autrefois, si peu en rapport avec les habitudes d'une vie simple et rétrécie, avec la petitesse et la modestie de l'ameublement de la maison Renal à Toulouse, formait un contraste pénible à force d'être discordant. Ni Jules ni Lucie ne se croyaient chez eux à Terclens; il leur semblait que, d'un instant à l'autre, allaient leur apparaître les véritables propriétaires de ce château. Cependant, il leur appartenait, et même, ce qu'ils ignoraient, leur père en l'achetant avait tourné le contrat de manière à ce que sa fille bien-aimée se trouvât le possesseur de ce beau domaine. Etait-ce, comme le portait l'acte, en vertu du droit de sa mère, qu'elle n'avait guère connue, puisqu'elle était morte presque en donnant le jour à sa jeune fille? Etait-ce une mesure de prudence contre des événemens postérieurs?

Le service de la table se faisait par la soubrette qu'Olivia avait amenée et qui possédait toute sa confiance, et par un garçon de la ferme, ancien soldat dans la compagnie de Laurent, homme intelligent non moins que brave. Les mets bien apprêtés avaient un haut goût qui les rendait appétissans. La fatigue excitante de la route, l'air vif de la montagne, donnaient à la faim un véhicule que l'Italienne et Jules contentaient en revenant à chaque plat. Lucie, préoccupée et inquiète sans trop savoir pourquoi, ne mangeait que peu et regardait les peintures de la salle qu'à peine elle distinguait au milieu de la sorte d'obscurité que les quatre flambeaux posés sur la table et les deux du buffet dissipaient imparfaitement. Ses yeux erraient donc au hasard, lorsque, de derrière l'une des colonnes du péristyle qui était en face d'elle, un bras sortit à demi et la main qui était au bout tenait une lettre. Ce fut une vision, car le tout disparut avec rapidité.

Lucie, épouvantée du mystère de cet événement, ouvrait déjà la bouche pour en faire part à son frère et pour ordonner au domestique d'aller voir qui s'amusait à se cacher derrière cette colonne; mais une réflexion soudaine l'arrêta dans cet acte si volontaire. Lucie, par la persistance de Jules à prendre le parti de Gabriel contre Louis Marnaud, avait des intérêts distincts de celui-là, et peut-être que, dans cette circonstance, il convenait de réserver pour elle seule la connaissance de ce qu'elle avait vu; elle se tut donc, mais son attention se porta sans discontinuer vers le même point... Quelques minutes après, la main, le bras se remontrèrent de nouveau en agitant la lettre... Lucie demeura persuadée qu'on voulait lui donner un avis; ne prenant conseil que de sa curiosité vivement excitée, elle se leva, après en avoir demandé la permission à la comtesse, sous le prétexte spécieux d'aller examiner de près le Triomphe de l'Hiver. Elle courut à la colonnade, et, passant par derrière, se vit face à face avec Laurent, qui lui dit à voix basse :

— Lisez cet écrit, et craignez de vous mal trouver si vous ne vous conformez pas à ce qu'il vous dicte.

Lucie, étonnée, émue, tremblante, ne répondit pas, prit la lettre et continua de parcourir la salle, tenant entre ses doigts le papier mystérieux qu'elle n'osa pas d'abord cacher sous son châle, à tel point qu'elle était troublée par cet incident inexplicable. Ni l'Italienne, ni Jules, qui prenaient plaisir à se provoquer à des santés réitérées, ne s'aperçurent de sa forte agitation; elle augmenta tellement, de concours avec le désir impérieux de percer plus avant dans ce qui déjà l'intriguait outre mesure, qu'elle réclama la permission de se retirer dans sa chambre, où une indisposition subite exigeait qu'elle allât chercher du repos.

Les deux amans avaient, de leur côté, un désir trop ardent de demeurer en tête-à-tête pour s'opposer au sien ; ils y applaudirent au contraire, Olivia en appuyant sur la liberté de la campagne ; et, en vertu du même principe, dès que Lucie eut quitté la salle, Jules commanda aux deux domestiques de descendre au commun, leur service cessant d'être utile. Le valet et la soubrette, charmés eux aussi qu'on leur rendît la liberté, partirent spontanément ; et alors Olivia s'adressant à Jules :

— Et Gabriel est-il arrivé ?

— Oui, et avant que je te rejoignisse au salon : deux de ses hommes l'accompagnent. Je l'ai logé dans une aile écartée où certes ma digne sœur ne le devinera pas. Comme demain elle sera surprise !

— Vous attendez donc à demain ?

— Oui, je l'ai voulu ; elle a mal passé la nuit dernière, il convient qu'on lui laisse celle-ci pour se reposer : il a avec lui Lottier.

— Qui? le moine défroqué, le prêtre indigne?

— Ce ne sera pas le moins nécessaire, car enfin, en cas de besoin, il peut bénir un mariage de conscience.

— Le scélérat! Dis plutôt qu'il se dévouerait au diable, s'il y avait un diable et un Dieu...

Cette réplique sacrilége fit de la peine à Jules, à Jules, enfant d'une ville fameuse par sa piété et où les égaremens de la jeunesse sont presque toujours remplacés par la dévotion croyante de l'âge mûr et parfois exagérée de la vieillesse.

— Un prêtre, dit-il, est toujours un prêtre ; et certes il a un pouvoir que nous n'avons pas.

— C'est possible, répliqua froidement l'Italienne, comme si elle eût fait une concession forcée aux préjugés de son amant. Et ne verrai-je pas Gabriel ?

— Je l'emmènerai chez toi dès que Lucie

sera couchée, comme elle ne tardera pas à le faire : elle doit avoir besoin de repos.

— Jules et Gabriel, si vous m'en croyez, hâtez-vous ; ton père peut arriver d'un instant à l'autre à Toulouse, ne pas vous y rencontrer, et, dans sa surprise accourir ici, et alors.....

— Oh ! alors je serais un beau garçon, en sublime posture !

—Eh bien ! pousse la conclusion du roman, et nous partirons tous ensemble.

— C'est ma volonté ; mais je connais à peu près les allures de notre père, si notre fuite n'avait lieu, nous ne le reverrions pas avant un mois.

La suite de ces phrases échangées précipitamment, un autre texte fut entamé, plus doux, plus intime et sur lequel nous jetterons le voile de la décence et de la discrétion..... Il était onze heures lorsque les deux amans se ressouvinrent qu'ils avaient une compagne à Terclens. Jules quittant la table alla ouvrir la porte de la chambre de Lucie. La résistance qu'il éprouva lui apprit que sa sœur s'était enfermée; il l'appela à plusieurs reprises, elle ne répondit pas; lui, se tournant vers l'Italienne :

— Nous en avons fini avec elle pour le reste de la nuit, elle est en plein somme. Bonne Lucie, dors bien et à demain..... à demain, où peut-être tu ne seras pas aussi tranquille.

Olivia lui mit la main sur la bouche.

— Imprudent! sommes-nous seuls?.... Rumin me tourmente, je le redoute; cet homme ici porte malheur à tous.

— Tu seras un jour confiante, et tu me révéleras le rôle joué par lui dans l'histoire de ta vie.

—Celui d'un sot personnage; il a désespéré une de mes parentes, qui a manqué par vertu un beau mariage et s'en console, je le parie, en se disant : *J'ai fait mon devoir.*

Jules soupira.

— Enfant, poursuivit la dame, est-ce que nous ne faisons pas aussi notre devoir?.... Mais cours à la recherche de Gabriel, amène-le en retenant où tu voudras ses deux acolytes. Je méprise Lottier et je ne peux souffrir Perrochon : l'un est un infâme, et l'autre un imbécile.

— Et que suis-je, moi qu'on a joint à eux ?

— Un aimable garçon qui les dominera. Cette canaille est faite pour te servir de valet. Vois à quoi Gabriel l'emploie.

Un baiser donné avec ardeur refoula dans le sein de Jules le nouveau soupir qui allait s'en échapper; il prit un flambeau, et s'orientant du mieux possible, parvint à retrouver la partie du château où il avait logé Gabriel. Celui-ci et ses deux camarades étaient assis autour d'une table couverte de mets, de bouteilles de vin et de liqueurs; ils avaient déjà tant bu, que leur raison en paraissait affaiblie. Gabriel, en voyant Jules :

— Parbleu! mon très cher, dit-il, on m'avait bien dit que la ville de Revel était célèbre par l'excellence de ses liquoristes; j'ai voulu m'en assurer par moi-même; et ce matin, en y passant, j'ai fait emplète de cette *créme de fleur d'orange au vin de Champagne*, de ce *Rossolio*, qui sont pour les dieux. Perrochon d'une part, et Lottier de l'autre, ont tant rendu hommage à ces habiles distillateurs, que tu les vois l'un prêt à se reposer agréablement sur la table, comme l'autre à se laisser choir dessous.

Ceux que Gabriel plaisantait essayèrent de répondre, mais leur langue épaissie et la fumée bachique ne le leur permirent pas. Des mots sans suite, des sons inarticulés, des gestes d'énergumènes caracterisèrent leur état; et bientôt, comme Gabriel l'avait prédit, ils cédèrent à un sommeil léthargique; lui, que Jules avait cru privé de sa raison, but un grand verre d'eau, se lava, secoua la tête et dit :

— Allons, me voilà prêt aux affaires maintenant.

Et d'un pas ferme il suivit son conducteur, qui l'emmena dans la chambre où Olivia les attendait; elle-même en ferma soigneusement les portes, examina les murailles, les boiseries; et, persuadée qu'on ne pouvait ni les épier ni les entendre, dit à Gabriel :

— Savez-vous qui habite ce château malencontreux ?

— Oui, repartit-il, le sous-lieutenant Rumin ; je l'ai vu en arrivant, et il ne m'a pas reconnu.

— En avez-vous la certitude ?

— Pleine et entière. Après ce qui s'est passé entre nous, et son courage incontestable, il aurait dû me saisir à la gorge et m'étrangler si je l'eusse permis ; il n'en a rien fait, il m'a examiné sans sourciller ; j'ai sauté ce pas redoutable, le reste du défilé ne me présente plus aucun péril.

— Vous me délivrez d'une vive inquiétude, reprit Olivia ; j'ai été moins heureuse, il s'est ressouvenu de mes traits.

— De vos traits (et l'inflexion de voix annonça que Gabriel jouait sur le mot) ! vous lui en avez en effet joué dont il peut difficilement perdre la mémoire.

— J'aimais une parente, dit Olivia visiblement embarrassée, et j'ai dû prendre son parti contre le sot Rumin.

— Votre parente..... C'était une belle personne, fort intéressante, très malheureuse. Mais à quoi bon rappeler le passé? songeons au présent.... Jules, où sont nos affaires?

— Vous êtes ici, et ma sœur y est pareillement.

Il y avait dans cette phrase quelque chose d'amer et de mécompte; Gabriel ne voulut pas l'apercevoir.

— Ce n'est pas le tout, dit-il, nous avons à vaincre la résistance, à prévenir l'arrivée de votre père qui pourrait déranger nos projets; j'ai rêvé à tout cela, et je ne sais pourquoi nous remettons à demain.

— Voilà parler en homme sage, répliqua l'Italienne, je viens de tenir le même langage à Jules, et il a prétendu que vous consentiez à un délai.

— Oui, telle d'abord avait été ma pensée; mais tout bien calculé...

— Nous attendrons à demain, ajouta Jules

qui, excité naguère par sa maîtresse, avait bu au-delà de sa soif, sa tête s'en était exaltée, et il possédait, je le répète, cette opiniâtreté que la faiblesse pare du titre d'énergie. Il voulait bien trahir sa sœur, et il reculait à la pensée de lui ravir quelques heures de sommeil. Oui, cher ami, à demain; songez au court espace de temps qui nous en sépare. Lucie est incommodée, elle dort, je ne veux pas qu'on l'éveille; d'ailleurs est-ce décent, elle est couchée, à quel titre entreriez-vous dans sa chambre?

— Eh! par l'enfer! au titre que tu voudras: amant, mari, protecteur, roué, que m'importe? Ah çà! Jules, à quel jeu jouons-nous? Es-tu un enfant, un homme, que je le sache?

— Je serai pareillement ce que vous voudrez; vous n'avez que trop pris d'empire sur ma volonté; mais lorsqu'une chose est réglée, pourquoi la déranger? Ma sœur s'est enfermée, ouvrira-t-elle? Si nous forçons sa porte, elle criera, et si l'on vient à son secours, si ce fils du fermier, ce sous-lieutenant retraité...

— Ce Satan en personne, s'écria Gabriel en frappant du poing sur une table placée près de lui. Il ne manquerait plus que ce beau fils s'avisât de prendre la défense d'une péronnelle ! me la soufflât lorsque je crois la ravir à cet autre de là-bas ! Nous avons eu une pensée fatale de venir dans ce château maudit.

— A vous seul, Gabriel, appartient l'honneur de l'invention.

— Je le sais ; ne me le reprochez pas, j'en crève de douleur et de rage ; mais qui va s'imaginer que dans toute la France ce sera ce point écarté que le nouveau Cincinnatus choisira pour sa retraite philosophique ? Nous sommes pourtant trois bons gaillards, et quatre, si je compte Jules.

— N'en comptez que deux, s'il vous plaît, vous et moi ; car Lottier et Perrochon, vous ressouvenez-vous de l'état où ils sont?

Gabriel se leva, se promena lentement ; et puis, se parlant plus à soi-même qu'à l'assistance :

— Je ne sais quelle misérable étoile luit en

ce moment pour moi, mes combinaisons les plus savantes échouent. Cette attaque d'avant-hier, qui devait nous procurer une somme énorme, zéro, et Hilaire mis à l'ombre, un drôle capable de parler; encore si c'était Perrochon! Je crois ici tenir la pie au nid, point, un merle est là pour la secourir peut-être ; je veux boire paisiblement un verre de vin, j'endors les hommes qui me seraient nécessaires. Qu'est-ce que cela me prédit pour l'avenir?

— Rien de fâcheux, dit Olivia; vous êtes trop facile à perdre courage ; nous nous sommes vus plus mal, eh bien! nous voici.

— Ah! reprit Gabriel, si encore ma vengeance était satisfaite, si Vincent Maltaire.....

— Gabriel! se mit à crier Olivia avec épouvante, quel nom prononcez-vous?

La voix de l'Italienne retira Gabriel de sa rêverie distraite ; il se mordit les lèvres si violemment que le sang en jaillit.

— Je suis un fou, dit-il avec non moins d'impétuosité, et il regarda avidement Jules dont les yeux peignaient une curiosité excessive sans qu'aucun autre sentiment s'y joignît.

— Eh bien! dit-il, puisque il n'y a rien à faire ce soir, allons nous coucher; mais demain, Jules, demain il faudra finir, car nous ne pouvons éterniser là notre séjour. Bonsoir Olivia; dormez bien, je vais en faire autant.

— Je vais vous reconduire, dit Jules.

— Non, mon garçon, n'en prenez pas la peine, je suis né topographe; et, lorsqu'une fois j'ai parcouru des lieux, j'y reviendrais cent ans après que m'y perdre serait impossible. Adieu tous, à demain.

Il prit un flambeau et on entendit sa marche lourde et tranquille qui finit par s'assourdir. Lorsqu'aucun son ne fut plus ouï, Jules s'approchant d'Olivia :

—Quel est donc ce Vincent Maltaire?

—Son plus mortel ennemi, un homme assez retors pour l'avoir contraint à se contenter de la seconde place dans la grande association, au lieu d'obtenir la première à peine suffisante à sa vaste ambition.

— Et quand le verrai-je celui-là?

—Pas encore. Ne proposez pas surtout à Gabriel de vous présenter à lui, il ne vous le pardonnerait jamais.

—Que tu es cérémonieuse, Olivia! Pourquoi ce *vous* glacé? serait-ce à cause de ton titre de comtesse?

Olivia se mit à rire, et elle prouva par la vivacité de ses caresses que, du moins en apparence, son cœur n'était pas changé. Nous tirerons le rideau sur ce qui se passa entre les deux amans après le départ de Gabriel. Ils ne se quittèrent qu'aux approches du jour.

Lucie en entrant dans sa chambre s'empressa d'en tirer les verroux; elle se retira dans un coin où l'on ne pouvait la voir si on se fût avisé de regarder par le jour de la serrure; et, là établie, elle sortit de son sein la lettre qu'on lui avait remise avec tant de précaution, et elle lut les phrases suivantes.

« Mademoiselle,

« Je ne comprends pas bien encore ce qui
« se passe autour de vous, mais tout me fait

« présager qu'on vous a tendu un piége. Mon-
« sieur votre père, la dernière fois qu'il vint
« nous voir, nous dit en partant qu'il voya-
« gerait six mois avant que de revenir, et il est
« en route depuis à peine quatre à cinq semai-
« nes; il n'a paru ces jours passés ni à Revel ni
« à Castelnaudary. L'homme qui vous a porté la
« dépêche n'est point de ce pays et n'en venait
« pas. La femme arrivée tantôt après vous
« est une misérable créature capable de toutes
« les infamies possibles; elle a feint de ne con-
« naître personne ici, et j'ai acquis la certitude
« qu'elle est la maîtresse de monsieur votre
« frère : je l'ai vue à Toulouse lui donnant le
« bras; enfin, tout à l'heure viennent d'arriver
« secrètement trois hommes; l'un, dont la vie
« m'est connue et qui est le chevalier d'in-
« dustrie le plus dangereux qui existe en Eu-
« rope peut-être, s'appelait naguère Eugène
« Rouland; il est ici sous un autre nom. J'ai
« à le punir d'un crime; et, comme je veux
« vous sauver, j'ai feint d'avoir perdu la mé-
« moire d'une physionomie gravée en traits

« ineffaçables dans mon cœur. Mais, pour arri-
« ver au résultat que je me propose, il faut
« votre concours. Accorderiez-vous assez de
« complaisance à ma délicatesse pour me per-
« mettre de vous parler cette nuit; il y a dans
« le cabinet qui communique à votre chambre
« une issue cachée. J'arriverai par là. Si vous
« vous enfermez à clef, je comprendrai que vous
« refusez mon assistance, il ne me restera plus
« qu'à vous recommander à Dieu; si au con-
« traire je trouve la porte ouverte, je complé-
« terai une explication indispensable.

« J'ai l'honneur d'être, avec un profond res-
« pect, mademoiselle, votre très humble et
« très obéissant serviteur,

« Laurent Rumin. »

A mesure que Lucie avançait dans la lecture de cette lettre, son cœur, s'agitant davantage, battait de plus en plus, au point de lui
couper la respiration. Mais lorsqu'elle apprit
que l'odieux Gabriel était dans le château en
connivence avec son frère, elle se laissa tom-

ber sur un fauteuil ; le papier lui échappa des mains, et elle passa plusieurs minutes dans un état plus voisin de la mort que de la vie. Cependant l'excès du désespoir lui prêtant de nouvelles forces, elle releva la lettre et l'acheva rapidement. Puis, se parlant avec vivacité :

— Qu'il vienne, dit-elle, ce vertueux jeune homme, qu'il vienne ; non certes, je ne dénie pas son secours, il me sauvera. O mon Dieu ! je suis trahie, et je le suis par mon frère. Ah ! le malheureux ! avec qui est-il lié !

Tout à coup elle se rappela que, pour être plus en sûreté, elle avait barricadé pareillement la porte du cabinet ; elle y courut, retira les verroux de ce côté ; et, après cet acte de vigueur, elle rentra dans la sorte d'anéantissement qui venait de la saisir ; il fut si profond, si enivrant, qu'elle n'aurait pu en apprécier la durée, lorsqu'un ébranlement léger imprimé à la porte du cabinet lui annonça la venue de son libérateur, non plus vêtu en homme de la campagne, mais avec son ancien costume militaire, que paraient deux croix, celle de France et une étrangère. Il tenait une lanterne sourde qu'il posa sur une commode voisine; puis, faisant un salut respectueux, il s'avança près de Lucie qui voulut se lever pour le recevoir; mais, sa faiblesse trahissant son envie, elle fut contrainte de conserver sa position.

— Je vous effraie, mademoiselle, dit-il en abaissant la voix; mais vous êtes ici autant en sûreté que dans la présence de votre père. Je n'ai porté les armes que pour servir mon pays et les dames, que pour défendre surtout l'innocence et le malheur.

Ces paroles, prononcées avec une solennité chaleureuse, écartèrent de l'âme de Lucie le reste de méfiance qu'il pouvait y avoir; ses yeux, en même temps, se remplirent de larmes; et, tandis qu'elle les essuyait :

— Que d'actions de grâce n'ai-je pas à vous rendre, monsieur ! à vous qui, sans la connaître, venez à l'aide d'une pauvre fille bien perfidement trahie, et abandonnée de celui qui devrait être son protecteur naturel.

— N'accusez pas plus qu'il ne faut monsieur votre frère. Entraîné par son âge, par de mauvais conseils, trop libre peut-être dans les actions de sa vie, il s'est abandonné à un homme dont il est impossible qu'il sache toute la perversité ; mais, mieux instruit, il reviendra à lui. Dans tous les cas, vous êtes ici chez vous, plus en sûreté sans doute qu'à Toulouse. Ne songez plus à vous en éloigner, ces murailles vous offrent un asile inviolable à vos persécuteurs ; en même temps, veuillez me signaler un de vos parens que je puisse instruire de ce qui se passe, afin qu'il vienne m'aider dans les efforts que je tenterai.

— Hélas ! monsieur, étrangers à Toulouse, où nous sommes venus de Paris, je n'ai dans cette ville aucune famille liée à la mienne par les liens du sang ; j'ai bien des amies, mais des jeunes personnes sans expérience, et surtout sans crédit.

— Et qui que ce soit dont vous puissiez vous recommander?

— Il y a bien, dit Lucie en rougissant, un ami de mon frère..... (ici l'officier secoua la tête). Oh! monsieur, ne confondez pas celui-là avec l'abominable Gabriel Gimont.

— Gabriel Gimont! Est-ce ainsi que vous appelez Eugène Rouland?

— Oui, c'est le nom sous lequel il est connu à Toulouse.

—Oh! son vingtième, son centième; il en change à chaque instant. Et cet ami de votre frère?

— Pourrait plus convenablement vous donner ce titre, puisque mon frère est un enfant perdu.

— Mais ce monsieur, que peut-il par lui-même?

— Il a été militaire; il a comme vous une décoration honorable; il est aujourd'hui avocat; son talent le destine à la carrière de la magistrature, et il attend chaque jour sa nomination à des fonctions importantes, dans le ressort de la cour royale de Toulouse. Il a votre générosité, vos sentimens nobles, vos vertus...

— Mademoiselle, voulez-vous permettre que je m'adresse à lui, que je l'appelle? Si je savais son nom...

— On n'a pas de honte à le prononcer : il s'appelle Louis Marnaud.

— Louis Marnaud! répéta Laurent avec surprise. A-t-il été capitaine dans le trente-huitième de ligne ?

— Il me l'a dit.

—Ah ! mademoiselle, quelle heureuse rencontre !.. Vous ne vous doutez... Il a été mon chef, il m'a sauvé la vie; il me permet de le nommer le meilleur de mes amis. Louis Marnaud est le vôtre! lui!... lui!... Bonté divine! je te remercie, tu permets que je m'acquitte de ce que je lui dois.

Et le magnanime jeune homme levait les mains vers le ciel, et il y eut un instant où ses lèvres prièrent avec ferveur. La pieuse Lucie se joignit à lui; et lui ensuite :

— N'ayez plus pour moi aucune gratitude de ce que je vais faire, c'est un devoir désormais qu'il me reste à remplir.

Ce fut en ce moment de cet entretien si rempli d'intérêt, que Jules, suivi d'Olivia, ayant quitté la salle à manger, étaient venus frapper à la porte de Lucie ; elle tressaillit, ses yeux exprimèrent une vive consternation ; mais lui, la rassurant par un geste, lui recommanda un profond silence ; ils entendirent à demi le colloque qui suivit entre les deux amans; et, lorsque l'officier eut compris qu'Olivia entrait dans sa chambre :

— Venez, dit-il, venez, mademoiselle ; une disposition particulière dont cette femme, et monsieur votre frère ne soupçonnent pas l'existence, va nous livrer ses secrets.

Il offrit son bras à la jeune fille, qui, rassurée par le nom de Marnaud, devenu son talisman, suit sans inquiétude son guide : il la mène dans le cabinet voisin, lui fait franchir un corridor étroit établi dans l'épaisseur de la muraille; et, parvenu à un certain endroit, s'arrête : il lui montre la cloison percée de plusieurs ouvertures au moyen desquelles on pouvait entendre facilement ce qui se disait dans cette autre chambre ; l'on voyait aussi presque tout ce que l'on y faisait.

On sait comment Gabriel, conduit par Jules, y arriva, et là, comment, persuadés qu'ils étaient à l'abri de toutes curiosités indiscrètes, ils s'abandonnèrent l'un à l'autre ; et Lucie les écoutant, put connaître l'étendue de la conspiration tramée contre sa vertu.

II.

Les Montagnes noires.

> Il y a dans la contemplation de la nature un charme qui nous enlève au souvenir de nos douleurs.
>
> Restif-de-la-Bretonne.

Aussitôt que Gabriel eut quitté la chambre d'Olivia, le sous-lieutenant Rumin, soupçonnant une scène plus tendre entre l'intrigante et Jules, emmena Lucie hors de ce passage, et la fit rentrer dans sa chambre. En y arrivant, elle se laissa tomber sur un fauteuil, plutôt qu'elle ne s'y assit, et là se mit à verser d'amères larmes; puis, et, comme cédant à un entraînement spontané, elle se précipita aux pieds de son conducteur en le suppliant de ne pas l'abandonner. Lui, surpris et peiné de ce mouvement qu'il n'avait pu prévoir, se hâta de la relever, la conjurant d'être plus calme, de garder bonne espérance, ajoutant qu'il la sauverait aux dépens de sa vie s'il le fallait.

— Mais vous êtes seul, dit-elle, et eux sont en nombre; ils vous haïssent, et ne vous ménageront pas.

— Je ne suis pas tellement isolé que vous pouvez le croire, repartit Laurent; outre quatre valets de ferme et un ancien sous-officier qui me sert de garde-chasse, il y a ici près, derrière une butte voisine, un hameau de quelques feux où je trouverais des amis; un son de cloche amènerait une douzaine de gaillards vigoureux, et c'est plus que suffisant pour faire la loi dans Terclens; mais ces moyens extrêmes ne seront pas nécessaires, il convient d'en employer de plus légaux. Veuillez écrire à Toulouse, à l'excellent Marnaud, peignez-lui votre position, il accourra, je le pense. Quant à moi, je vais m'adresser au procureur du roi de l'arrondissement, domicilié à Villefranche, et je me flatte qu'en vertu de la dénonciation que je lui ferai passer, il ne sera pas le dernier à prendre votre défense.

Lucie approuva la première partie du plan proposé par son généreux appui ; mais, en réfléchissant à la liaison fatale qui existait entre son frère, Gabriel et Olivia, elle craignit que si la justice instrumentait, Jules ne se trouvât impliqué dans une mauvaise affaire. Elle s'expliqua donc avec une honte visible sur ce point pénible, et elle engagea Laurent à ne rien mander au procureur du roi avant l'arrivée de Louis Marnaud.

Laurent avait trop de perspicacité pour refuser de se rendre aux instances de Lucie ; lui aussi redoutait pour le fils du propriétaire de

Terclens une liaison trop intime avec un scélérat achevé ; et, afin de ne pas aller trop loin, il promit de patienter jusqu'au retour de l'exprès qui partirait aussitôt que mademoiselle Renal aurait écrit.

Lucie aussitôt s'approchant de sa malle qui n'était pas entièrement vidée, en sortit un nécessaire où elle trouva du papier, des plumes, de l'encre de Chine, et sans retard elle peignit à Louis Marnaud sa situation. Ce fut à phrases rapides, et néanmoins elle n'omit rien, et surtout le secours miraculeux qu'elle avait rencontré dans le sous-lieutenant en retraite Laurent Rumin, qui, disait-elle, vous a eu pour capitaine. Venez, ajouta-t-elle, s'il vous est possible ; votre seule présence en a imposé à ce misérable Gabriel, que sera-ce lorsque vous serez deux pour le confondre et pour l'accabler !

Elle cacheta la lettre, et en la remettant elle tremblait à la pensée qu'elle allait se trouver seule pendant le reste de la nuit.

Laurent vit son effroi, il en devina la cause, il la rassura de nouveau. N'avait-elle pas entendu que toute entreprise contre elle était ajournée au lendemain, et que le soleil levé, lui, Laurent ou quelqu'un digne de sa confiance, se tiendrait en sentinelle dans l'escalier dérobé, où elle pourrait toujours fuir, puisque l'on n'en soupçonnait pas l'existence?

Lucie enfin entendit le langage de la raison; elle laissa partir le jeune homme, revint visiter chaque porte, s'assura de la solidité des verroux, et néanmoins ne se détermina pas à se déshabiller en entier, afin d'être plus tôt prête à prendre la fuite au moindre bruit qu'elle entendrait. Demeurée seule, elle se mit à calculer combien de temps s'écoulerait avant que Louis arrivât, et elle trouva que vingt-quatre heures étaient au moins nécessaires. C'était un siècle pour elle, un siècle avec ses angoisses et son éternité.

Le sommeil ne put d'abord fermer ses paupières; elle fut exposée à une sorte de cauchemar pénible qui la fatigua étrangement. Il lui semblait voir apparaître autour de son lit Gabriel changé en monstre horrible qui, après avoir dévoré Jules, cherchait à plonger un poignard dans le sein de la sœur de cet infortuné. Tantôt Olivia, sous le costume d'une bacchante désordonnée, se précipitait sur Lucie, l'infectant de son haleine empoisonnée, et souillant ses oreilles chastes des plus infâmes conseils. Ces rêves douloureux, ou pour mieux dire cette veille délirante, accablèrent la jeune fille; et, aux premiers rayons du jour, elle se précipita en bas de son lit, croyant avoir entendu quelqu'un travailler à ouvrir l'une des portes de sa chambre.

Agenouillée sur la brique froide, elle écouta attentivement... Aucun nouveau bruit ne parvint à son oreille, elle avait été la dupe d'une de ces illusions qui se présentent en manière de réalité à un esprit violemment frappé d'une pensée dominante. Lucie se releva lentement; mais l'envie de rentrer dans un repos aussi tourmenté ne la saisit pas; elle se promena dans la chambre en évitant de faire du bruit, et puis, se rappelant qu'il y a dans le ciel des protecteurs qui ne nous trompent jamais, elle se mit à prier avec cette ferveur, apanage des âmes pures et naïves.

Ensevelie dans la méditation profonde qui nous élève vers notre Créateur, elle oublia une partie de ses chagrins, et se montra calme et remplie de confiance dans la protection que lui promettait le noble Laurent. Ouvrant ensuite les fenêtres qui donnaient au midi, elle admira cette pompe de la nature, ce réveil de tout ce qui est animé : vers le bas de la vallée, le long du ruisseau montait un brouillard coloré des rayons du soleil, et à qui le vent faisait prendre des formes fantastiques ; tantôt il s'aplanissait en mer tranquille, et tantôt il imitait les vagues courroucées de l'Atlantique, puis il s'alongea en ville crénelée, il s'arrondit en croupe montagneuse, et un peu plus tard, divisé en lambeaux bizarrement découpés, il se dissipa insensiblement, et, comme une toile de théâtre que l'on lève, laissa voir dans tout son règne majestueux le paysage sévère dont le château de Terclens était environné.

Partout on apercevait des rochers couverts de mousse, de bouquets d'arbres, de vignes riches, de pampres verts ; souvent une montagne nue de marbre ou de granit apparaissant, tranchait par sa couleur rougeâtre avec le vert éclatant qui tapissait sa voisine. Ici, du milieu d'un amphithéâtre taillé en grand par la main de l'architecte des mondes, tombaient de ressauts en ressauts un torrent aux ondes limpides et écumeuses ; le soleil se jouait sur sa surface qu'il couvrait de diamans liquides ou d'un large réseau d'or. Là, une forêt ténébreuse, gigantesque, garnissait une gorge et dominait les tertres voisins ; de chaque arbre partait un concert mélodieux, et les oiseaux qui gazouillaient ajoutaient par leur présence à la magnificence du tableau, et lui donnait cette vie qui, partout où elle se montre, complète l'œuvre de la création. Des nuages chaudement colorés flottaient à l'occident et montaient en colonnades magiques dans la voûte d'un ciel aux teintes vigoureuses et noyés de plus en plus dans la lumière étincelante du soleil qui dépassait les pics de la montagne Noire.

La variété de ce spectacle sublime enleva un moment à Lucie le sentiment de sa condition; mais bientôt, voyant le jour s'avancer, elle se rappela les scènes de la nuit dernière et qu'elle tarderait peu à se retrouver en présence de ses persécuteurs. En ce moment on frappa à la porte de sa chambre; le coup retentit dans son cœur, elle hésita si elle devait répondre; on heurta de nouveau, la voix de Jules se fit entendre. Il appelait sa sœur et lui demandait pourquoi elle tardait tant à se montrer. Lucie, sans ouvrir encore, répliqua qu'ayant mal passé la nuit, elle n'était pas habillée.

— Oh! lui dit-il, parlant toujours au travers de la serrure, tu ne t'attends pas à la surprise qu'on te destine.

— Il faut se préparer à tout, dit-elle avec amertume; nous sommes dans un monde où l'on rencontre des traîtres parmi ceux qui devraient être nos premiers protecteurs.

— Oh! tu es montée sur un ton bien lugubre! cela serait-il aussi l'effet de ta mauvaise nuit ?

Lucie, sans repartir, sortit de la chambre, alla dans le cabinet et ouvrit le passage secret; elle y vit Laurent qui déjà faisait sentinelle. Il lui apprit que l'exprès, monté sur une cavale vigoureuse, était parti à minuit précise, et que vers huit ou neuf heures du matin il arriverait à Toulouse; que Gabriel n'était pas encore sorti de sa chambre. Il rassura la jeune fille, et lui conseilla de ne pas se renfermer plus long-temps, puisqu'on veillait sur elle de manière à ce qu'elle ne courût aucun péril. Laurent en disait plus qu'il n'en pouvait promettre : il était honnête homme, et ne connaissait pas l'étendue de l'audace, de la perversité des méchans.

Lucie, cédant à son avis, le quitta : elle tira les verroux, fit jouer la clef dans la serrure ; à chaque fois qu'une barrière tombait, son cœur battait plus violemment, et elle se sentit prête à défaillir lorsque Jules, qui était demeuré en faction à la porte, en eut poussé le battant avec vivacité. Il fut étonné à son tour du ravage qu'une nuit avait apporté sur les traits de sa sœur, tant il la vit pâle et défaite.

— Tu as donc beaucoup souffert, lui dit-il; mon Dieu! comme tu es abattue! Tâche, si tu le peux, de prendre de la force, de te vaincre; car enfin tu dois faire les honneurs du château à cette comtesse étrangère qui, comme nous, est arrivée ici sur une invitation de notre père.

A mesure que Jules parlait, sa sœur lançait sur lui un tel regard de mépris et d'ironie, qu'il perdait une portion de son effronterie, son ton baissait d'éclat, et à peine si les derniers mots échappèrent à ses lèvres. Cependant, ne pouvant soupçonner la vérité, et voyant que Lucie continuait à garder le silence, il poursuivit :

— Es-tu muette? Qu'as-tu rêvé?

— Oh! j'ai fait un songe horrible, repartit

Lucie : il m'a semblé qu'un étourneau, sous les traits de mon frère, m'avait conduit perfidement où nous sommes; qu'une louve, revêtue du costume de madame la comtesse (et ici il y avait ironie), s'entendait avec lui pour me faire dévorer par un tigre dont la tête était semblable à celle du vicieux Gabriel.

— C'est singulier! répliqua Jules d'une voix étouffée; comment! une vision cette nuit..... Je ne croyais pas aux rêves, tu vas me rendre crédule.

— Non, tu ne dois pas le devenir, car il faudrait que ce qui s'est passé la nuit dernière n'existât que dans l'avenir.

— Je ne te comprends plus, dit Jules qui commençait au contraire à voir clair dans les phrases symboliques de sa sœur; il me semble que ton imagination..... Ne veux-tu pas aller t'informer de la santé de la comtesse?

— Ce n'est pas à une honnête fille, répondit Lucie ne pouvant plus mettre de borne à son indignation, à courir au-devant d'une misérable prostituée.

Chaque mot atteignait Jules et le frappait profondément ; il voyait bien que sa sœur était instruite, mais il ne concevait pas comment elle avait pu l'être. Il appartenait à cette classe molle et sans énergie que le moindre vent tourne, qui se laissent aller à chaque impression ; il aurait voulu plaire à tout le monde, satisfaire ses amis, sa maîtresse, sa sœur, et maintenant qu'il était seul avec celle-ci et qu'il entendait ses reproches, il les supportait avec douleur, et il invoquait le secours d'un de ses complices ; muet devant Lucie, il n'osait même pas la regarder ; cependant, venant à se ressouvenir qu'on lui reprocherait ailleurs d'avoir manqué de courage :

— Tu es injuste, dit-il, envers tous ; et Gabriel...

— N'a qu'à partir.

— Qu'à partir ! tu sais donc...

— Tout ton horrible complot ; que, comme un autre Benjamin, j'ai été vendue par mon frère ; mais n'espère pas que je souffrirai la condition du marché passé contre moi.

— Au diable les femmes! s'écria Jules afin de se donner des forces, la plus sotte nous surpasse en finesses; tu nous as donc écoutés, ma petite sœur, tu as donc joué en arrière de nous un contre deux. Allons, calme-toi, rien n'est désespéré : Gabriel est un bon enfant, la comtesse se fera aimer de toi lorsque tu l'auras mieux connue; amnistie des deux côtés, et vivons en paix.

La véhémence de ce colloque, où les acteurs ne ménageaient pas leur voix, attira l'Italienne qui n'était pas encore sortie de sa chambre; dès qu'elle parut, et tâchant de se maintenir dans la fidélité de son rôle, elle vint, la mine gracieuse et le maintien réservé, auprès de Lucie et la complimenta avec chaleur; mais tandis qu'elle parlait, la sévérité empreinte sur la figure de la jeune fille et le désappointement comique et pénible tout ensemble qui se peignait sur la physionomie de son amant l'intriguèrent; elle changea de propos et essaya de prendre des formes plus joyeuses.

— Je gage, dit-elle, que l'on se querellait

ici; qui m'en fera l'aveu? Sera-ce vous, mademoiselle, ou bien vous? S'il y a un tort, je l'attribue à Jules : une aussi modeste personne ne peut certainement avoir failli.

— Ma sœur, dit Jules embarrassé, ne sait faire aucune part à la circonstance; elle maltraite ses meilleurs amis et s'obstine, je ne sais pourquoi, à refuser la visite de mon ami intime, du seul homme capable de juger son mérite et de rendre un franc hommage à sa beauté.

— Serait-ce vrai, ma mignonne? ajouta la fausse comtesse toujours dans l'esprit de son rôle; et serait-il possible que vous refusassiez un homme aussi distingué?

— Non, répondit Lucie froidement, ma répugnance ne s'adresse que bien; celui dont on parle est un misérable, et l'amitié de mon frère pour lui me fait rougir.

— Dans ce cas ce ne pourrait être... non, ce n'est pas cet élégant cavalier que j'ai si souvent rencontré à Paris dans le grand monde.

— Sous quel nom? dit Lucie d'un ton de

sarcasme; sous celui d'Eugène Rouland ou de Gabriel Gimont?

— Votre sœur est plus instruite que je ne le croyais, dit Olivia froidement : il se peut qu'elle connaisse aussi l'histoire de ma vie ; et, depuis hier au soir, aura-t-elle acquis tant d'instruction?

— Je sais tout, dit Lucie, oui tout, et les protecteurs ne me manqueront pas. Gabriel est ici, il y est d'hier au soir, il y est avec deux de ses complices; qu'ils tremblent tous, le châtiment ne tardera pas à les atteindre !

La jeune fille, avec l'imprudence de son âge, provoquait témérairement ceux qui, plus habiles qu'elle, pouvaient la perdre malgré ses défenseurs. Jules aurait voulu lui commander de se taire; Olivia, plus mûre pour l'intrigue, désirait au contraire qu'elle achevât de laisser lire en son âme et de faire connaître quels étaient ses appuis, et eût souhaité un plus long propos; mais Lucie, au milieu de son inexpérience et de sa colère, redoutant de placer Laurent dans une position difficile, s'arrêta; et, fâchée d'avoir été aussi loin, se mit à verser des larmes.

Les trois acteurs de cette scène n'étaient pas à leur aise, l'Italienne moins que les autres. Il y a dans le plus corrompu un sentiment d'amour-propre qui lui fait attacher du prix à l'estime des indifférens, et, lorsqu'il obtient la preuve qu'on le juge à sa valeur, il ne peut se défendre d'une honte qui, pour être cachée, n'en a pas moins de véhémence. C'était le cas présent de cette femme si altière envers ceux dont elle n'était pas connue et qui ressentait maintenant une humiliation extrême de la certitude qu'elle avait du mépris de la jeune fille; cependant fallait-il l'endurer en silence? ne vaudrait-il pas mieux essayer d'une explication, qui serait une autre tromperie? Elle tint rapidement conseil avec elle-même et pénétra vers ce dernier parti; ce point arrêté, elle s'avança vers Lucie :

— Vous êtes bien sévère, mademoiselle, à l'égard de ceux que vous ne pouvez connaître qu'imparfaitement ! Et, quoi qu'on ait pu alléguer contre moi, je me flatte de pouvoir me justifier, s'il vous plaît de m'écouter sans prévention. J'ai un tort, sans doute, un réel, je ne m'en défends pas, c'est que j'aime votre frère ; qu'il a sur moi un ascendant dont la preuve éclate dans ma présence ici, et dont je ne cherche pas à me défendre ; car j'y trouve le bonheur de ma vie ; c'est pour lui complaire que je suis venue, c'est pour aider à ses projets que j'ai accepté un rôle dans ce que vous regardez comme un complot. J'ai cru que vous pourriez aimer son ami, homme que vous accablez, sans trop le connaître, et que vous immolez d'après le dire de son ennemi...

— Madame, répondit Lucie sans pouvoir attendre qu'Olivia terminât sa défense, puisque cet ami est un personnage si recommandable, d'où vient qu'il change de nom ?

— Des querelles politiques ne sont pas des crimes réels, repartit l'Italienne ; il veut une autre forme de gouvernement, et dès lors il doit craindre la vengeance de celui qui existe ;

telle est la vérité ; le reste, mademoiselle, est l'insinuation de qui le déteste et de qui tend à vous le faire haïr. Ecoutez-le, peut-être qu'il parviendra à vous prouver son innocence.

—Oui, ma petite sœur, ajouta Jules qui, lui-même, ne souhaitant que la paix, saisit avidement cette ouverture de conciliation ; permets à ce pauvre Gabriel de te raconter son histoire, tu le trouveras moins coupable que malheureux.

—Je l'entendrai, non à Terclens, mais à Toulouse, dit Lucie qui espérait, elle aussi, éloigner le moment de la lutte ; à Toulouse, où nous tarderons peu à nous rendre. Puisque mon père ne doit pas venir dans ce château, que ton ami parte tout de suite ; à cette condition, je suspendrai mon jugement sur lui et sur les autres.

—Vous obtiendriez tout de son amour respectueux, dit Olivia ; et, si vous voulez consentir à le lui enjoindre vous-même, cet amant est trop épris pour se refuser à une pleine obéissance.

— Eh bien ! répliqua Lucie, je veux ce que vous proposez ; que cet homme vienne, je lui parlerai, et, s'il est raisonnable....

— Tu veux donc le voir ! s'écria Jules qui de joie faisait voler son chapeau. Vivat! voilà parler en *bonne fille* ; tu seras satisfaite de tout ce qu'il te dira.

— Je rentre dans ma chambre, dit Lucie, et tu peux l'y amener. Madame, si cela ne lui est pas désagréable, sera le témoin de cet entretien. Dieu veuille que ce soit le dernier !

Lucie, sans rien ajouter à ce propos, rentra chez elle, et fut suivie à peu de distance de l'Italienne décontenancée au dernier point : il lui était si désagréable d'avoir déchu aussi promptement et de n'être plus qu'à la suite, pour ainsi dire, dans une maison où la veille on lui prodiguait les égards ! C'était déjà une punition réelle pour ce cœur hautain, et la vive rougeur qui colora son front annonça la douleur profonde que lui fit éprouver le manque d'égard de la jeune fille, quand celle-ci, au lieu de la faire passer devant elle, ne s'inquiéta pas si elle la suivait. Dans une autre circonstance, l'orgueil d'Olivia se serait plaint, il eût exigé une réparation, ici, humble parce qu'elle se savait coupable, elle dut se soumettre à cette amertume.

Lucie la vit entrer, et ne la salua pas. Lucie alla prendre place auprès d'une fenêtre d'où elle avait en vue le cabinet de toilette, et elle espéra que parlant de cet endroit, elle serait entendue de Laurent; mais, espérant trop de son énergie, elle avait cru pouvoir attendre debout la présence de son ennemi; le ploiement de ses genoux lui fit pressentir le contraire, et force lui fut de s'asseoir sur un fauteuil qui était à côté entre la croisée et la porte du cabinet. Olivia, complétement oubliée, se plaça sur l'antique chaise longue, appelée également lit de repos, meuble vaste et commode et dont toute chambre d'importance était autrefois meublée.

Aucune conversation ne s'établit entre ces deux dames, chacune préférait se maintenir en état de haute méditation ; et certes, on peut le dire, les sujets ne manquaient pas, le champ de l'avenir était si vaste pour toutes les deux !

III.

L'Ascendant d'un Homme de bien.

> Il y a dans la vertu une force qui en impose au vice, lors même que ce dernier est triomphant.
>
> *Reflets de la Sagesse.*

Lucie s'attendait à de l'empressement de la part de Gabriel, ou peut être aussi les minutes lui paraissaient des heures, car elle s'étonna du retard qu'il mettait à se présenter devant elle. Enfin, on entendit un bruit de pas; Lucie se troubla, malgré l'appel désespéré qu'elle fit à son courage; un voile obscur couvrit ses yeux, et lorsqu'il se dissipa, elle vit devant elle cet homme audacieux qui, instruit du combat prochain, avait voulu y paraître avec tous ses avantages : une parure élégante rehaussant sa bonne mine naturelle, donna en même temps l'explication de la lenteur avec laquelle il était venu.

Jamais il ne s'était montré avec plus d'avantage ; ses vêtemens neufs et à la dernière mode, sa beauté, rehaussée par le coloris de l'agitation, la fierté de sa tournure, la pose noble qu'il savait donner à sa tête, l'éclat de ses yeux, la grâce de son sourire le rendaient supérieur à l'idée qu'on se faisait de lui. Lucie eut du dépit de le voir autant agréable, et tout bas, s'étonnait que cet agent pervers de Satan n'en eût pas toute la laideur. Il se tenait debout devant Lucie, cherchant à se montrer humble et respectueux, et rien n'annonçait en lui le mauvais sujet et le débauché accompli. Il salua avec aisance; et, prenant la parole, remercia mademoiselle Renal de la faveur qu'elle lui accordait, ajoutant qu'il en profiterait pour se blanchir s'il était possible des inculpations odieuses dont on le flétrissait.

—Et cela lui est facile, ajouta Jules, qui, placé derrière lui, était là moins comme le frère de l'une que l'auxiliaire de l'autre. Gabriel est un *bon enfant,* un peu rieur sans doute, mais sans fiel et tout de cœur. Allons, Lucie, ne faites pas la mijaurée, tendez-lui la joue, et tout sera fini.

— N'allez pas si vite, Jules, répliqua Gabriel en se retournant vers lui ; tant de bonheur ne peut être déjà mon partage : mademoiselle me hait, me méprise et me redoute ; et, avant que d'obtenir la moindre de ses bontés, il convient de lui prouver que je les mérite. Un autre, fort de votre consentement et de l'abandon où elle se trouve, commanderait à la circonstance ; quant à moi, je ne veux rien devoir qu'à son indulgence et à la justice qu'elle me rendra.

— J'accepte ce traité, répondit la jeune fille tremblante, mais ce ne sera pas où nous sommes : votre présence, monsieur, dans une maison que n'habite pas le chef de la famille est inconvenante; hâtez-vous de la quitter; revenez à Toulouse, où nous tarderons peu à arriver, et là, vous aurez toute facilité à me prouver combien vous méritez peu mon éloignement.

— A quoi bon remettre à une époque incertaine ce qui peut être vidé ici promptement? Ah! mademoiselle, je vous croyais parfaite: un caprice doit-il diminuer vos qualités? Pourquoi me refuseriez-vous une heure, je ne vous en demande pas davantage, et je vais sur-le-champ.....

— J'ai fait mes conditions, reprit Lucie, je tiens à ce qu'elles soient éxécutées; je vous entendrai à Toulouse, et non pas ici.

— Ah! ma sœur, c'est un enfantillage; j'en ai honte pour toi.

— A charge de revanche, mon frère, et Dieu veuille que je n'aie pas de plus forte raison de rougir pour toi. Monsieur, poursuivit-elle en s'adressant à Gabriel, on m'a fait entendre que vous souhaitiez prendre congé de moi : j'ai bien voulu souffrir votre présence, mais aller au-delà, vous ne l'obtiendrez pas de moi !

— L'ordre de la nature est interverti, dit Gabriel en affectant de cacher son dépit sous une gaieté d'emprunt : mademoiselle s'empare de la ferme volonté dont Jules dédaigne l'usage ; cela ne convient point, et elle me permettra d'espérer mieux de son indulgence.

— Mademoiselle, dit Olivia, peut être que ma présence vous gêne. Jules, veuillez me donner la main.

— Non, non, restez, madame..... Mon frère, m'abandonneras-tu ?

Mais ceux qu'elle implorait, sur un signe de Gabriel, étaient déjà sortis sans que Lucie eût pu les retenir ; elle avait voulu courir à eux, sa faiblesse s'y opposa ; et, retombée sur son fauteuil, elle demeura face à face de son terrible ennemi. Celui-ci, reconnaissant à quel point elle était épouvantée et désirant la ménager, parce qu'il avait beaucoup à lui dire, se recula d'un pas ; et, les mains pendantes, et la tête penchée, attendit modestement qu'elle se fût un peu rassurée.

—Ayez moins d'effroi, dit-il, je ne veux que vous persuader, cela me sera facile ; je désire vous parler à cœur ouvert, et la présence de cette femme et de votre frère ne me l'aurait pas permis. Je vous aime, Lucie ; je veux que vous soyez ma femme, et vous la serez, à moins que le ciel ne me foudroie, et je me flatte qu'il n'y songera pas. Vous avez des vertus, eh bien ! c'est à elles que je m'adresse. Aimez-vous Jules et votre père ? je n'ai qu'un mot à dire, et je perds le premier et ruine le second.

— Vous auriez cet affreux pouvoir! dit Lucie accablée et néanmoins doutant de la sincérité de Gabriel.

— Oui sans doute je le possède ; il a bien fallu me le donner pour arriver à vous. Ma vie a été orageuse ; je suis de ces hommes qui peuvent se livrer à de grands excès, qui descendent presque dans les profondeurs de l'abîme, mais qui ont en eux assez de vigueur pour se relever, pour reconquérir l'estime publique, et cela, parce qu'ils ont un caractère ferme et violent. Jules, au contraire, n'a de volonté que celle qu'on lui imprime; sa force est toute d'impulsion, je m'en suis emparé; et, me tenant à l'écart, je l'ai livré à des misérables qui ont eu peu à faire pour le pervertir. Il a pris part à leurs actes coupables, il a imprimé sur lui une flétrissure dont je peux rendre la manifestation apparente, selon qu'il vous plaira de me voir en pitié ou en détestation. Quant à votre père, son négoce repose sur des maisons dont je peux ébranler le crédit; je n'ai qu'un mot à dire, et ce mot prononcé, tout avenir vous sera ravi. Je vous ai dit la vérité, je vous ai montré tout ce que l'amour m'a fait faire. Maintenant, à quoi vous résolvez vous? Je suis ici pour avoir votre réponse et pour agir en conséquence de ce que vous déciderez.

A mesure que Gabriel faisait entendre ces paroles étranges, Lucie ressentait une douleur cruelle remplir son âme et presque l'anéantir.

Quelle puissance était donc accordée à ce méchant homme ! avec quelle audace il se vantait de sa conduite abominable et de la perdition vers laquelle il avait entraîné son trop confiant ami ! Lucie eût voulu douter de ce que disait ce perfide, mais elle savait trop bien que tout était vrai. Cependant la certitude du degré d'avilissement où Jules tombait, la honte qui en rejaillirait sur le reste de sa famille, cette opposition morale qui s'élèverait entre Louis Marnaud et la jeune fille, lorsque Gabriel aurait perdu publiquement le frère de celle-ci, inspirèrent à la malheureuse créature un désespoir qui ne lui laissa pas d'abord la possibilité de répondre ; désespoir augmenté par la presque certitude que Laurent avait entendu cette entière révélation. Cependant il fallait prendre un parti, et Lucie ne se sentait pas capable de couronner la scélératesse de Gabriel en s'abandonnant à sa tendresse ; dans ce conflit de pensées diverses, elle rêva, et enfin, d'une voix affaiblie :

— La mort ! dit-elle, oui, la mort me pa-

raîtrait plus douce qu'une union avec vous....
avec vous, homme de corruption, et qui,
pour me faire descendre à votre niveau, n'avez
pas balancé à perdre mon frère et à nous déshonorer.... Mais non, je ne suis pas flétrie
par sa faute, son sort n'est pas le mien, et
n'espérez pas vous en faire un droit sur ma
faiblesse.

— Qui vous épousera si je déchire le voile
dont je couvre encore sa folie? Les hommes,
vous le savez, reculent dans une situation pareille, cédant tous à la force d'un préjugé souverain.

— La question n'est pas de savoir si je me
marierai ou non, mais seulement si je céderai à vos menaces. Lorsque je me suis refusée
à votre amour, vous aviez le pouvoir de nuire,
je vous l'accorde; il me restera celui de vous
mépriser davantage et de trouver dans la
tombe un refuge contre vos lâches machinations.

— Toujours parler de mourir lorsqu'on
vous demande de vivre pour être heureuse!

seriez-vous si mauvaise sœur que Jules ne vous fasse pas pitié !

— En a-t-il eu pour moi, répondit Lucie vivement, de cette pitié que vous réclamez pour lui? a-t-il été arrêté dans la route funeste où vous l'avez lancé par la crainte de me rendre infortunée? n'a-t-il pas volontairement couru à notre perte commune? Sa conduite dicte la mienne, et je refuse ce que vous n'obtiendrez que par un crime de plus.

— Méchante sœur! mauvaise fille! Et votre père, n'y pensez-vous pas aussi?

— J'espère que vous ne pourrez rien sur lui, et qu'il aura un moyen de déjouer vos intrigues criminelles.

— Il est, lui aussi, sous ma dépendance; je n'ai qu'un mot à dire, et il sera perdu.

— Et vous ne le direz pas, et vous ne le prononceriez que si vous aviez abjuré tout digne sentiment; vous avez égaré le fils, et vous immoleriez le père! et votre perversité n'aurait pas de borne! Non, il ne peut exister de tels caractères.

— Ajoutez ni autant d'amour ! C'est vous, Lucie, qui me rendez coupable, vous qui m'égarez, au point que je ne me reconnais plus. Redoutez-moi, car l'excès de ma tendresse me portera aux dernières extrémités. Il faut que je vous possède, ou vous, votre frère, votre père, disparaîtrez tous avec moi.

— Aurez-vous cette cruauté réfléchie ?

— Je l'aurai.

— Ne craindrez-vous pas de me donner la mort ?

— Comme je ne vous survivrai pas, je vous préfère au cercueil que dans les bras d'un rival que je déteste.... Mademoiselle, je vous accorde une heure pour réfléchir, une seule. Passé ce délai, je quitterai, selon votre commandement, le château; mais ce sera pour tirer de votre rigueur une vengeance qui pèsera sur tous vos proches, et dont vous ressentirez le contre-coup... Adieu !

Il tira sa montre, et ajouta :

— Songez-y bien, c'est soixante minutes qui vous séparent de la porte de l'abîme où vous entraînerez volontairement ceux qui vous sont chers.

Lucie, en le voyant sortir, s'élança après lui, poussée par le désespoir. Voulait-elle l'implorer de nouveau ou lui déclarer qu'elle cessait de lui disputer sa victime? Elle ne le laissa pas deviner, sa bouche glacée ne pouvant prononcer une parole, et elle demeura immobile à la vue de Laurent qui venait d'entrer, non par le cabinet, mais par la porte principale, ramenant avec lui Gabriel dont le visage manifestait une violente émotion.

— Mademoiselle, dit le nouveau venu, monsieur vous a paru bien injuste; il use envers vous de moyens que la délicatesse réprouve. Vous n'avez pu le fléchir; je viens à votre aide, peut-être que je serai plus heureux. Eugène Rouland, poursuivit-il en s'adressant à celui qu'il entraînait d'une main vigoureuse et qu'il lâcha en même temps, avez-vous bien calculé tout ce qui résulterait de la vengeance que vous voulez prendre? car j'ai tout entendu. Croyez-vous qu'en perdant un jeune homme égaré par vous seul, vous vous mettrez à l'abri de la justice? Ne le pensez pas, je suis ici pour vous défendre de poursuivre votre coupable trame, et pour vous punir si vous persistez.

Lucie, pendant qu'il parlait, sentait renaître la confiance au fond de son cœur, à la vue du trouble éclatant qui assombrissait le front de Gabriel; ce n'était plus cet arrogant personnage qui semblait commander à la nature entière. La présence du sous-lieutenant avait renversé son audace; un feu farouche remplissait ses yeux, mais ses lèvres étaient livides, et un tremblement convulsif agitait son corps. Il ne se pressa pas de répondre à l'attaque vigoureuse qu'on lui adressait, occupé qu'il était visiblement à se donner un conseil utile dans cette fâcheuse circonstance; enfin, surmontant son émotion, il dit d'une voix ferme :

— En vérité, Laurent, c'est par trop abuser de l'avantage que vous donne sur moi la connaissance de quelques fredaines; ne savez vous pas aussi ce qu'il en coûte à ceux qui ne craignent pas de se prononcer contre votre serviteur ? Dans quel but vous mêlez-vous à ma discussion avec mademoiselle ? J'ai un désir honorable, je veux l'épouser.

— Vous !

Ceci fut dit avec un tel accent de mépris et d'aigreur, que Lucie s'attendit à une explosion de colère de la part de Gabriel ; et à quel degré parvint sa surprise, lorsqu'elle le vit se maintenir dans cette impassibilité apparente dont il ne se départit pas tant que Laurent lui fut opposé.

— Oui, moi ! reprit-il : ceci vous étonne ; je peux me marier, j'en fournirai la preuve. Le frère de mademoiselle me veut pour beau-frère, le consentement du père ne me manquera pas ; alors pourquoi me cherchez-vous querelle ? Seriez-vous épris de cette charmante personne ? Tant pis pour vous, car, à part moi, qui ne la céderai à qui que ce soit au monde, il y a derrière nous un heureux mortel dont vous n'effacerez pas le mérite, je vous en préviens.

Tout cela fut dit légèrement, avec gaîeté même. Laurent répondit :

—Je suis le fermier du père de mademoiselle, et je deviendrai son protecteur aussitôt que son père l'abandonnera; voilà mon titre. Maintenant, à votre tour, écoutez-moi. Vous avez avec vous deux de ces misérables dont vous vous entourez, et peut-être compteriez-vous sur le concours du frère de mademoiselle; j'ai, de mon côté, soit parmi les gens du château, soit ceux qu'un coup de cloche appellera, de quoi vous imposer la loi; tenez-vous donc tranquille, et subissez ma volonté; la vôtre accordait une heure à mademoiselle pour se décider à être votre femme, ou à vous voir travailler à perdre ses parens; eh bien, je vous en accorde autant, une heure, entendez-vous, et pas une minute avec, pour que vous et les vôtres quittiez ce château; à la soixante et unième, j'envoie chercher à Revel, à Castelnaudary, deux brigades de gendarmerie, et sur vous seul retombera la conséquence de ce qui en résultera.... Ne faites aucun mouvement suspect, s'écria Laurent dont les yeux suivaient les gestes et la colère de Gabriel, car comme vous je suis préparé.

Et aussitôt il tira de son sein deux pistolets qu'il arma et dirigea contre Gabriel.... Lucie poussa un cri d'effroi.... Gabriel rabaissant son bras, regarda l'officier avec l'expression du désappointement.

— Il n'est rien, dit-il, que d'avoir bon pied et bon œil; en vérité, Laurent, il y aura de la gloire à combattre contre vous : nous nous reverrons.

— Sur la grande route, si vous y êtes à m'y attendre ; mais ailleurs, non : vous me comprenez ?

— Oh! vous avez fait vos preuves, et pourtant, refuser un duel...

— Ce n'est pas le duel que je refuse, mais qui me le propose : vous m'avez entendu, je ne vous tromperai pas ; sortez, ne me le faites pas redire une seconde fois.

Gabriel furieux hésita ; Lucie, qui respirait à peine, le vit un moment déterminé à subir un premier coup de feu dans l'espoir de ne pas manquer à la riposte ; mais il revint à plus de raison, et s'éloigna d'un pas lent et résolu, suivi à distance par Laurent, qui le ramena jusqu'au pied de l'escalier où il devait monter pour rentrer dans son appartement.

Cette scène dramatique, commencée devant Lucie seule, avait été continuée dans la grande salle précédente, en présence de Jules et d'Olivia. Ces deux-ci, qui attendaient avec anxiété que Gabriel en eût fini, avaient vu Laurent en costume militaire sortir tout à coup d'une chambre voisine, saisir Gabriel par le bras comme il se présentait à eux et le ramener avec violence dans la pièce qu'ils venaient de quitter. Leur surprise s'accrut, et néanmoins ni l'un ni l'autre n'osèrent se rapprocher de la chambre de Lucie, et au contraire, redoutant d'être appelés comme complices de Gabriel, ils allèrent chercher une retraite dans la chambre de ce dernier.

Il les y trouva lorsque, congédié si durement par le sous-lieutenant Rumin, il dut abandonner la place; la rage étincelait dans ses regards, ses traits étaient renversés et une bave verdâtre teignait ses lèvres décolorées; il vacillait en marchant; et, dès qu'il eut franchi le seuil de la porte :

—Oh! mille morts et damnation! s'écria-t-il; enfer et démons! je vous en conjure, venez me secourir en m'aidant à me venger..... Oh! fureur!..... moi joué par un enfant! moi qu'il soumet à sa fantaisie!..... Je boirai son sang, ou il versera le mien!

— Qu'avez-vous, capitaine? dit Hilaire.

—Ce que j'ai, misérable! ce que j'ai!... Oh! je voudrais que c'eût été toi qui m'eusses insulté, je percerais ta poitrine, je rongerais ton cœur à belles dents!... Mais non, c'est lui... ce traître... ce vertueux... cet infâme!...

— Il s'est donc passé une scène bien extraordinaire, dit à son tour Olivia, puisque vous êtes ainsi bouleversé?

—Pardon, madame, je ne voyais pas votre

comtale seigneurie, sans cela, je lui aurais rendu les honneurs dus à votre grand nom.

— Vous rêvez, Gabriel, repartit Olivia avec hauteur, tant elle avait de la peine à quitter son dernier rôle.

— Par ma foi, je le voudrais. Oui, qui me prouverait que depuis ce matin je suis sous l'empire d'un songe, me procurerait plus de bonheur que je n'en ai joui depuis longtemps... Mais non (et il frappa la terre du pied), je veille; ce n'est pas un odieux cauchemar, c'est une réalité affreuse, déshonorante!... Madame la comtesse sait-elle combien j'ai de minutes à rester dans ce château (et il regarda sa montre)? cinquante, ni plus ni moins.

— Vous partiriez! Gabriel, dit Jules; ma sœur l'a donc obtenu de votre amour?

— Votre sœur était à moi si Satan, ou, pour mieux dire, si Rumin ne s'était mis entre elle et moi. Je suis sous l'obsession de cet arrogant personnage; il m'a commandé de sortir de Terclens dans une heure, sous peine de mettre à mes trousses la gendarmerie de deux cantons.

—Lui! s'écria Jules ; il est donc ici le maître!

—De vous pas encore, tandis que de moi... Oui, je suis sous sa main, il m'a menacé, je cède... il me reverra.

—Mais, dit Perrochon, vous avez ordonné à nos amis de se diriger vers ce lieu où nous sommes; ils arriveront ce soir à Revel.

— L'ai-je dit en effet? repartit Gabriel vivement; aurais-je eu cette pensée de salut?... Oui, oui, je me le rappelle : Enfant que je suis, j'avais tout oublié... je respire.

Il se retourna, comme si Laurent eût pu l'entendre...

—A tantôt, dit-il, à tantôt !

Olivia le voyant plus calme, et tandis que de ses deux complices, l'un faisait les apprêts du départ, et l'autre s'en allait à l'écurie seller les chevaux, Olivia, dis-je, lui demanda, d'expliquer ce qui s'était passé, il le fit, non complétement, réservant pour lui les menaces qu'il avait adressées à Lucie, mais il en dit assez pour que Jules se trouvât prévenu, en cas de besoin. Il convint avec l'Italienne de ce qu'il y aurait à faire, retira de son portemanteau une échelle en cordons de soie, qu'il lui confia, et mit tant de promptitude à exécuter les injonctions du sous-lieutenant, que, vers les trois quarts de l'heure fatale, lui et ses camarades dépassaient le pont de la grande entrée du château de Terclens.

Dix à douze paysans vigoureux étaient dans la cour où Laurent se promenait avec eux; Gabriel craignit un instant que son ennemi, ravisé, ne voulût devancer la minute en ordonnant son arrestation; et lui, déterminé à ne pas souffrir que l'on exerçât cet acte qu'il aurait qualifié d'arbitraire, se préparait à un rude combat; mais Laurent, fidèle à sa parole et satisfait d'une victoire remportée aussi facilement, ne se montra là qu'afin d'en imposer par le nombre et pour faire perdre à Gabriel l'espérance de le surprendre plus tard. Il le connaissait assez pour préjuger que, loin d'abandonner la partie, il ne ferait que la remettre, et Laurent de son côté était déterminé à ne pas lui laisser sa proie. La lutte entre la vertu et le vice obtient un double intérêt, lorsque la beauté et l'innocence en sont le prix.

IV.

Le Conte.

> Dans toute femme dont on ne connaît ni la famille ni la vie, il y a sang illustre et malheurs non moins grands.
>
> *Morale des Orientaux.*

Tous ceux qui restaient dans le château de Terclens éprouvèrent réciproquement une gêne extrême, provenant du souvenir de ce qui s'était passé et de l'embarras que l'on aurait à se retrouver ensemble. Lucie, que Laurent était venu rassurer en lui apprenant le départ de Gabriel, rentra dans sa chambre.

Elle aurait voulu que l'Italienne se retirât également ; mais, bien que toute sa vie fût connue de l'officier, il n'avait pas sur elle le même ascendant que sur Gabriel. Olivia, de son côté, souffrait dans son orgueil de cette séparation entre elle et la fille de la maison, et, envieuse de la faire cesser, elle voulut que Jules essayât d'aller les raccommoder ensemble. Lui, honteux du rôle qu'il jouait et de la supériorité qu'un fermier prenait sur lui, aurait souhaité, en regagnant la confiance de sa sœur, retrouver cette part d'estime que, peut-être, les gens de son père lui déniaient dans sa propre maison.

Dans cette espérance, il se rendit auprès de Lucie, frappa modestement, et, sur la permission qui lui fut accordée, entra, pâle et inquiet des reproches qu'on lui adresserait ; et, pour les prévenir :

— Tu es donc sans pitié pour ceux qui t'aiment et qui souffrent, dit le jeune homme en s'approchant de sa sœur et en cherchant à lui prendre une main qu'elle lui refusa. Si j'ai eu tort, il ne s'en souvient plus ; aussi bien, celui pour qui je me querellais avec toi, ne te tourmentera plus, il a quitté le château.

— Et cette femme, sa complice, où est-elle ?

— Oh ! que ces expressions méprisantes sont peu de saison ! Pourquoi en tant vouloir à une dame bien née et la veuve d'un officier supérieur, qui m'est attachée et qui souhaite que tu lui pardonnes ce qu'elle n'a fait que dans l'intention de te servir ?

— Je la remercie d'un tel intérêt, qui tendrait à faire de moi la femme d'un scélérat. N'est-ce que de cette manière qu'elle pouvait te témoigner son amitié ?

— Je voudrais, dit Jules encore plus déconcerté, que tu l'entendisses, elle s'expliquerait mieux : tu verrais si elle est coupable ; quant à moi, je sais que je suis perdu.

— Mon frère, dit alors Lucie d'une voix moins irritée, dans quel abîme es-tu tombé ! Est-il possible que Gabriel ait fait de toi son complice et que tu sois devenu un voleur de grand chemin!

— Moi! s'écria Jules en pâlissant; c'en est trop! et celui qui te conseille se repentira de cette abominable dénonciation!

— J'aurais préféré que tu eusses dit calomnie; mais tu cèdes à la force de la vérité. Quant à celui qui me conseille, comme tu te plais de le qualifier, il n'a parlé de toi que pour te plaindre; ton dénonciateur réel est ton ami à qui tu voulais me vendre.

— Gabriel?...

— Il m'a tout avoué, j'ai su par lui que, lié à une bande criminelle, tu as partagé leurs excès; que tu n'es plus ce que tu étais, un honnête fils de famille, et que, d'un moment à l'autre, tu peux tomber sous la main de la justice.

— Et il t'a dit cela?

— Pour déchirer mon cœur, afin d'obtenir par la violence que je consentisse à m'unir à lui; et, dans son courroux, il a menacé pareillement notre père; à l'entendre, il peut le ruiner et le perdre. Et mon frère s'associe avec notre ennemi !

— Ton frère porte la peine de l'éducation qu'on lui a donnée; délaissé, sans aucune surveillance, il a vu la mauvaise compagnie, l'a préférée à la bonne, et maintenant qu'il est sous le joug, on le traite comme un esclave et on le déshonore dans un intérêt qui n'est pas le sien.

— A qui la faute? Pourquoi obéir à ce misérable? Abandonne-le, et il n'aura plus d'ascendant sur toi. Insensé, qui as perdu ta famille sans le savoir! Ah! que deviendrai-je si Gabriel exécute sa menace et s'il dirige contre toi ceux dont le devoir est toujours de punir?

— Il a pu parler ainsi pour t'épouvanter; mais il n'oserait faire tomber un de mes cheveux; je me chargerais alors d'en dire assez pour faire tomber sa tête.

Lucie, à ces dernières paroles, se montra encore plus alarmée; elle voulait douter de la culpabilité de son frère, et n'avait que trop de preuves qu'il était déjà sur la ligne des amis de Gabriel. Cette certitude lui arracha des larmes qu'elle tenta de cacher dans son mouchoir. Jules, qui n'avait que de la faiblesse et pas de corruption dans le cœur, vivement touché du chagrin dont il était le témoin, se mit à genoux, et, prenant une main de Lucie, la conjura de lui pardonner.

— Le puis-je, dit-elle, lorsque tu persistes dans ta nouvelle existence, lorsque tu conserves une liaison avec la digne amie de Gabriel?

Il tenta de justifier l'Italienne : Gabriel avait été l'aide-de-camp de son mari, et, à l'entendre, c'était le seul nœud qui les liât ensemble; elle était toute en dehors de son existence désordonnée. Puis il ajouta :

— Si elle a paru dans ce château, ce n'a pas été pour y servir de complice à Gabriel, mais pour remédier à l'inconvenance du séjour de mon ami dans le lieu où tu te trouverais ; c'est moi qui l'ai convié d'y venir, et elle ne s'attendait pas à y être aussi mal reçue.

Lucie retrouva dans ces dernières phrases

l'amour aveugle de son frère; elle en eut pitié. Redoutant moins Olivia depuis qu'elle lui était mieux connue, espérant que le lendemain Louis Marnaud viendrait la retirer de Terclens, elle consentit à revoir cette créature, mais à la condition qu'elle ne parlerait pas pour Gabriel. Jules, trop heureux de cette amnistie, promit tout ce que voulut sa sœur; et, après l'avoir tendrement embrassée, bien qu'elle lui eût refusé son pardon, éloigné jusqu'au jour d'une meilleure conduite, il se hâta de retourner vers Olivia et de lui apprendre que Lucie était moins fâchée; et, sans lui laisser le loisir de se préparer à cette entrevue, il l'amena avec lui où Lucie les attendait.

—La paix ! la paix sincère et sans arrière-pensées, ou, si vous l'aimez mieux, amnistie pleine et entière, ma jeune et charmante amie, s'efforça de dire d'une voix affectueuse la fourbe Italienne en s'approchant de Lucie, à laquelle en même temps elle essaya de donner un double baiser. N'est-ce pas que vous ne m'en voudrez plus, que vous me pardonnerez si je suis coupable? Et en effet, ma conscience m'adresse de rudes reproches ; le premier retombe sur ma faute irréparable : celle d'avoir donné à ce maître étourdi la première, la meilleure part de mon affection.

Elle dit; un soupir lui échappa, tandis qu'elle présentait à Jules une main qui fut aussitôt couverte de baisers remplis de feu.

— Je croyais, il y a peu de temps encore, oui, je croyais qu'il était facile, après tant de malheurs et avec quelque expérience, de rire de l'amour, et de se jouer avec lui. Folle que j'étais ! il a cruellement pris sa revanche ; me voici malheureuse avec cette dernière passion, et humiliée, car enfin, je dois rougir devant vous ; mais tout peut se réparer, la sincérité des aveux que je suis prête à vous faire m'élèvera d'abord à mes yeux, et peut-être, dans vos sages conseils, puiserai-je la vigueur nécessaire à qui veut fortement ne plus aimer un trompeur.

Tout, dans Olivia, se montrait en harmonie avec l'adresse de ce propos, et la pâleur du visage, et la flamme ardente des yeux, et le léger tremblement convulsif qui agitait des lèvres décolorées, et la grâce modeste du maintien, et la vivacité oppressée d'une respiration, gage certain de l'agitation intérieure. Cette expérience dont l'Italienne se vantait manquait malheureusement à la jeune Française, portée à croire les autres sur parole, parce qu'elle-même, à aucun prix, n'aurait pu se résoudre à trahir la sainte vérité. Lucie, d'ailleurs, aimait, et, à ce titre devait se trouver indulgente pour un sentiment dont elle appréciait la vivacité. Honteuse d'une part de sa rigueur envers une étrangère autant aimable, et dont le vrai rang lui était inconnu; et de l'autre, ayant pour son frère autant d'attachement que de pitié, elle crut, malgré tout ce que Laurent avait pu lui dire, devoir suspendre son jugement jusqu'après l'explication à laquelle Olivia ne se refusait point, puisqu'au contraire elle était la première à l'offrir.

Dans cette nouvelle disposition et baissant la tête afin de mieux cacher son embarras :

— Je ne demande pas mieux, dit-elle, de me trouver seule coupable ; et il me serait doux de l'être, si vous pouviez me convaincre de mon injustice et de celle qui vous accuse si chaleureusement.

— Ma cause est gagnée ! s'écria l'Italienne en relevant son beau front et embrassant de nouveau avec plus de vivacité la pauvre aveuglée ; vous saurez tout et lui aussi, mes erreurs, mes extravagances. Je ne suis pas née dans les glaces du nord. Hélas ! on est plus tranquille là où l'amour est calme, mais y sait-on mieux aimer ? Je ne le crois pas : ce n'est pas d'aujourd'hui que je me sacrifie à ce sentiment impérieux ; deux fois il s'est présenté sur mon chemin, et toujours en manière d'abîme, où je me suis précipitée, non aveuglément, mais en regardant avec effroi la profondeur. J'ai aujourd'hui une excuse dans l'honnêteté de Jules ; il ne voudra pas que je maudisse la ville où je l'ai connu, et l'abandon complet que lui a fait ma bonne foi.

Des protestations impétueuses d'une passion sans bornes répondirent vivement à cet appel à la générosité de l'imprudent ; il assura que ni le temps, ni les obstacles, ni l'absence ne refroidiraient son cœur. Il mit tant d'expression à rassurer sa maîtresse, que celle-ci en rougit de contentement ; et une émotion profonde remplit l'âme de Lucie, qui à son tour se dit prête à écouter ce que l'étrangère produirait pour compléter sa justification. Olivia, sans retarder et sans manifester le moindre embarras, se plaça entre le frère et la sœur, prit à chacun une main qu'elle pressa dans les siennes, se mit à réfléchir un instant, et puis, d'une voix douce et solennelle, commença gravement son récit :

« Je suis née dans la ville aux merveilles, dans cette belle *Firenza* (Florence), l'orgueil de l'Italie et l'objet perpétuel de l'envie de quiconque ne la possède pas. Oui, mes premières années se sont écoulées sur les bords de l'Arno parmi les fleurs de la terre que le riche fleuve féconde, et en jouant sur ces vagues tièdes, et parfois descendant sans effroi dans son sein. Je me vois encore vêtue d'une tunique légère, la tête couronnée de roses et de muguets, portant au cou une magnifique parure de corail retirée par mon père de la vase du fleuve, et à la main des rames enguirlandées de primevères, de jacinthes, d'églantiers, m'élancer dans un batelet fragile, et voguer en me jouant parmi mes compagnes qui semblaient les nymphes de ma suite, en présence d'une multitude d'étrangers et de concitoyens qui tous, me suivant d'un regard avide, battaient des mains en me comparant aux nymphes de l'Arno. A les entendre, celles-ci ne devaient pas être plus belles et surtout plus dignes d'inspirer de l'amour à défaut du respect.

« Vous le voyez, Jules, poursuivit l'Italienne avec cette naïveté qui imprime tant de crédit à tout ce qu'on ajoutera, je ne me pare pas d'une haute naissance dont les prétentions seraient de ma part une déception, et néanmoins il n'y a rien de faux dans le titre dont je me suis revêtue pour entrer plus facilement dans votre maison : il est bien à moi; et je peux affirmer, sans crainte d'être démentie, que vous-même peut-être refuseriez de vous en charger au prix terrible qu'il m'a coûté.

« J'étais l'objet de l'idolâtrie de mon père, ma mère ayant perdu la vie en me donnant le jour; il m'encensait plus que j'en étais aimée. Il me parlait chaque jour de ce trône sur lequel je monterais; et, qui m'eût apporté une couronne fermée, l'aurait étonné médiocrement, à tel point il lui semblait presque que la terre entière partageait son admiration. Ma vie était heureuse avec lui; j'étais la mieux parée de toutes mes compagnes; je ne pouvais faire un pas sans recueillir de nombreux hommages : tous les jeunes pêcheurs m'adoraient, et je me rappelle que tous aimaient m'entendre chanter, lorsque, sur le bord du fleuve, je me plaisais à faire répéter aux échos de ma chère Florence cette romance qu'un d'entre eux avait composée pour moi.

LES CONSEILS.

ROMANCE.

Ils passeront, ô gentille bergère !
Ces doux instans où le ciel te sourit ;
Notre existence est la vapeur légère
Dont le soleil au matin se nourrit.
Elle naquit des larmes de l'aurore,
Un vif éclat en naissant la parait ;
Mais quand le jour grandit et se colore,
Elle s'efface et dans l'air disparaît.

Non, ne crois pas qu'au gré de ton envie,
Libre de soins, de chagrins et de pleurs,
Tu passeras le printemps de la vie,
Toujours orné de parfums et de fleurs.
Dans l'avenir, l'espérance moissonne ;
Mais rarement elle en cueille le fruit.
Il n'est pour nous que cette heure qui sonne,
Et chaque rêve au réveil se détruit.

De ces instans à l'issue incertaine,
Il faut jouir dans la jeune saison ;
L'air est serein, la tourmente lointaine ;
Et crains surtout d'écouter la raison.

C'est à l'amour à charmer ta carrière,
Change d'ivresse en changeant de désirs;
Mais ne va pas regarder en arrière,
Si le bonheur s'éteint dans les plaisirs.

« Vous dirai-je avec quelle joie j'écoutai ce chant de triomphe la première fois qu'il frappa mon oreille? Combien il me fut facile de le retenir, et que souvent, dans le calme des nuits, lorsque des chœurs mélodieux me l'envoyaient encore, je me surprenais à le répéter. J'étais folle de ma beauté! que dis-je, j'en étais vaine; et, dans ma fierté, je ne cessais de former des vœux dont le moindre était un crime, puisqu'il tendait à m'élever si haut que nul des miens n'aurait pu m'approcher. Mais, d'un autre côté, cette vanité sans mesure garantissait la fille de l'humble pêcheur de ces séductions vulgaires auxquelles je voyais mes compagnes céder successivement. A chaque amant qui se présentait, je demandais quel rang il occupait dans le monde, et l'immensité de sa fortune ne me faisait pas soupirer si un titre nobiliaire n'en rehaussait les avantages. Un refus sec me sauvait de ce piège, et le bruit de ma vertu fière se répandait aussi loin que celui de ma beauté.

« Comme Italienne, je chérissais les arts ; deux surtout plaisaient à mon âme, la musique et la peinture ; un maître habile mon adorateur très humble, si timide qu'il osait à peine reprendre son élève, me donna des leçons du premier. Heureux de me servir, un sourire le payait de ses soins. Le malheureux ! il ne pouvait désirer au-delà... vous devez me comprendre. »

Jules fit un sourire, et la curieuse réflexion qui brillait dans les yeux de Lucie annonça son ignorance que l'Italienne ne put voir sans en éprouver un dépit profond. Elle continua :

« Un jeune peintre, beau comme Antinoüs, en s'attachant à moi, en m'initiant dans les mystères de sa profession, espéra parvenir à mon cœur ; l'insensé ! il était pauvre. Bien qu'il eût du génie, et peut-être à cause de cela, et que sa famille, égale à la mienne, comptait parmi celles des *fraccini* du port (les portefaix et commissionnaires), je dédaignai sa tendresse; et j'écoutais ses conseils quand il s'agissait de diriger mon crayon; je faisais des progrès rapides, et il m'arrivait, lorsque je pouvais m'échapper à la vigilance sévère de mon père, de prendre avec moi l'un de mes cousins *bellissimo raggazo* de quinze ans; et, sous sa garde (j'en faisais mon page), d'aller dans notre fameuse et grand'ducale galerie, dessiner quelques-uns des chefs-d'œuvre dont elle est remplie.

« Je m'y trouvais tout occupée de l'admirable composition de la sainte famille du Correge, qui en fait le premier ornement, lorsqu'un inconnu se mit à rôder autour de moi. Il était d'une beauté remarquable, et il portait la tête comme les princes devraient tous la porter. Deux individus le suivaient; et en arrière se tenait Chiggi, un domestique de louage bien connu sur les deux rives de l'Arno et au service des *forestieri* (des étrangers), qui viennent visiter Florence. Ma curiosité excitée me fit faire un signe au *cameriere* (domestique); il vint à moi : Qui est ton maître? demandai-je.

« C'est presque un monarque, il est petit-fils de roi.

« Chiggy me quitta. Je sentis mon cœur battre d'une violence extrême, une pensée folle me troublait... Si c'était là le mari que m'annonçait mon père!... Extravagance! On n'est plus au temps où les bergères devenaient reines et où de la fille d'un pêcheur on faisait une impératrice. Je soupirai, je n'eus plus de goût à mon travail; je ne dessinais qu'avec nonchalance, c'eût été le moment de partir, je demeurai... Fille orgueilleuse! ma tête était perdue.

— L'inconnu repassa devant moi, je lui jetai à la dérobée un regard qui rencontra le sien; ce fut un doux et fatal échange. Pardonne-moi, Jules, je ne te connaissais pas, et il fut mon premier amour. La fantaisie me vint de me lever en ce moment et de me retirer; je dus passer devant l'étranger; il vit ma taille : je lui avais caché ma figure; il ne cessa de me poursuivre de ses yeux animés par une passion naissante. Le même soir, j'étais rêveuse et mélancolique. Après avoir préparé le souper de mon père, je cousais, assise selon la coutume sur un banc de marbre à côté de la porte de notre maison, un homme s'assit à mes côtés, je reconnus Chiggi, et je rougis.

—« Oh ! la *bellissima Zitella !* dit-il en riant, et qui devine pourquoi je viens à elle.

—« Que me voulez-vous ? répliquai-je, tandis que d'un œil inquiet j'interrogeais les alentours.

— « Rien pour moi, car je suis un trop pauvre diable; mais le signor Césarini a de bien hautes prétentions.

— « Vous m'aviez affirmé que c'était un petit-fils de roi, répliquai-je.

— « Et en cela je n'ai point fait tort à la vérité. Son aïeul a porté une couronne, celle de la Corse; vous voyez en lui le descendant du roi Théodore.

« J'étais trop ignorante pour reconnaître à ce nom prononcé avec emphase l'aventurier qui sans doute perpétuait la fable de son aïeul; cependant, poursuivit Olivia en changeant de ton, si jamais royauté a été légitime, c'est bien celle de ce pauvre monarque, bien librement élu, sans violences, sans cabales, par la seule force de son mérite et des circonstances. Du roi Théodore était procréé un fils, et de celui-ci un jeune homme, celui qui, dès le matin, occupait exclusivement mon imagination et mon cœur. Malheureux dès sa naissance, poursuivi par les ennemis de son aïeul, il errait, déguisé sous le nom du comte Cesarini. Il m'avait vue, et lui aussi désirait me plaire. Chiggi était chargé de me porter les assurances de son amour.

« Bien que l'on me cachât la meilleure portion de la vérité, je reconnus que cette royauté, ma chimère ridicule, était imaginaire; mais enfin c'était une alliance si au-dessus de toutes celles à espérer, que je me laissai prendre à ce leurre. Un moine nous maria; je partis avec mon époux, alors au service de France. Nous parcourûmes diverses contrées, cherchant le bonheur sans l'atteindre. Je perdis mon mari; et, malgré le mal qu'il m'avait fait et ses procédés envers moi, je le regrettai. Gabriel, que vous ne voyez là que sous un fâcheux aspect, avait été l'aide-de-camp, le factoton du comte Cesarini. Cet homme, dont le vrai nom est un mystère, répare, par des qualités brillantes et solides, la fougue de son caractère; il m'a témoigné un dévouement sans borne; il s'est exposé pour moi à de rudes épreuves; je lui dois de la reconnaissance. Je sais tout ce qu'on peut lui reprocher, et pourtant je ne saurais le bannir, ce serait me montrer ingrate. Qu'il y a de noblesse dans ses procédés! avec quelle vivacité il s'emploie pour les amis! c'est une âme chaleureuse, pétulante, qui aspire au bonheur des siens plus qu'à se rendre heureux lui-même; il se trompe peut-être, mais du moins son erreur est celle d'un cœur généreux. »

Olivia s'arrêta, espérant qu'on se contenterait de ce récit et qu'on ne lui demanderait pas d'autres explications; mais pouvait-elle se flatter d'avoir satisfait complétement Lucie ? qu'avait-elle dit qu'on ne pût révoquer en doute ? sur quoi basait-elle ses aveux ? D'ailleurs, rendait-elle compte de sa vie ? révélait-elle parfaitement les mystères qui la remplissaient ? et tout cela balançait-il les assertions dures du jeune sous-lieutenant Rumin ? non sans doute ; aussi, loin de paraître satisfaite, Lucie garda le silence. Jules, au contraire, entraîné par la magicienne, l'aurait écoutée avec cette disposition favorable qui nous porte à admettre tout ce qu'il plaît à une personne adroite d'avancer ; il admirait cette sincérité qui avouait également l'infériorité de la naissance et la noblesse du mariage qui alliait la fille d'un pêcheur au petit-fils d'un roi ; il manifestait partout les mouvemens de sa physionomie, son contentement et à la fois son chagrin de l'impassibilité froide et silencieuse de sa sœur ; il en ressentait autant de dépit que de peine.

Cependant il aurait dû juger par ce qu'il savait de ce qu'il ne savait pas ; car enfin Gabriel, dans ce dernier tableau, ressemblait-il en rien à la réalité? n'était-il pas le chef d'une bande coupable? n'en dirigeait-il pas les entreprises, et se refusait-il à en partager les profits?

V.

Une partie du Voile levé.

> On a tort d'affronter le crime, lors même qu'on le croit impuissant.
>
> *Sagesse des Nations.*

Ne pouvant douter du départ de Gabriel, et assurée que le jour suivant ne s'écoulerait pas sans que Louis Marnaud parût à Terclens, Lucie, quoique persuadée que l'étrangère la trompait de tous points, ne voulut en rien faire connaître; et, sans témoigner son contentement de cette vaine explication, n'annonça aucun des doutes nombreux qui infirmaient contre. Ce n'eût pas été assez pour une personne de vertu vraie et craintive en tout ce qui toucherait son honneur; mais Olivia, moins méticuleuse parce qu'elle avait tant à se faire pardonner, s'en contenta, du moins en apparence. Elle passa le reste de la journée à profiter de la permission tacite que Lucie lui avait accordée de rester avec elle; et, malgré les signes, les soupirs, les provocations que Jules lui adressa, l'Italienne ne quitta pas mademoiselle Renal.

En même temps, et afin de se montrer avec tous ses avantages, elle se mit au clavecin, et tantôt joua des fantaisies des *Pasticio,* des sonates brillantes, tantôt y fit entendre sa belle voix encore si pure, et à laquelle les ressources d'un goût exquis rendaient sa première fraîcheur. Lucie, malgré sa prévention, parut enchantée ; Jules ne s'inquiétait point s'il laissait éclater son enthousiasme, et, amateur d'entraînement, souvent applaudissait à tort, mais avec fanatisme.

Le lieutenant Rumin crut, après le dîner, qu'il serait convenable de venir présenter ses hommages à la fille de la maison. Il se présenta dans tout l'éclat de son costume, rehaussé par ses décorations; et, malgré le calme de sa conscience et sa supériorité textuelle sur ceux qui étaient là, mettant à part Lucie, il signala son entrée par un modeste embarras qui honore et pare l'homme de bien. Jules, de son côté, ne se trouvait pas à son aise avec lui; Olivia parut également troublée, et jusqu'à Lucie, sa présence émut ce trio.

Se remettant vite de cette préoccupation enfantée par de tristes souvenirs, il soutint la conversation, sinon avec esprit, du moins avec cette supériorité de l'homme de bien, et qui cherche moins à trouver des coupables qu'à rendre le crime innocent, si cela se pouvait. Olivia, d'abord, s'était maintenue à son égard dans une réserve qui glaçait la conversation; tout à coup prenant son parti en femme supérieure :

— Monsieur le corps d'armée auxiliaire,

dit-elle vivement, j'ignore dans quel but vous marchez à nous en équipage de guerre; seriez-vous dans l'ignorance que la paix a été signée entre les trois principales belligérantes ? d'où je conclus que nécessairement il vous sera bon et agréable d'entrer dans cette nouvelle alliance.

— Je ne demande pas mieux, madame, répondit-il en s'inclinant ; et, si mademoiselle est satisfaite, je ne vois pas pourquoi vous et moi ne le serions pas.

— Voilà parler en homme sage, dit Jules, en *bon enfant,* et désormais monsieur l'officier me contera au nombre de ses amis.

— Ah! monsieur, c'est un titre auquel vous attachez trop peu d'importance pour consentir à le payer au prix fixe auquel je l'ai mis.

— Au prix fixe, monsieur! répéta Jules machinalement; il y a donc une condition supérieure qu'il faut remplir, sous peine d'être privé de votre amitié?

— Ce n'est pas, répliqua Laurent, expliquer positivement ma pensée; je prétends, par exemple, que cette amitié dont vous parlez est tellement exclusive, qu'elle ne s'accommoderait pas d'un partage avec celle d'Eugène Rouland.

— De M. Gabriel Gimont, répondit Jules avec mauvaise humeur.

— Rouland, Gimont, Eugène, Gabriel, peu importe, c'est le personnage que j'attaque sans intention d'y joindre qui que ce soit, et surtout le fils de M. Renal.

— Monsieur, se mit à dire Olivia avec précipitation et pour empêcher une réponse de Jules qui aurait nécessité de nouvelles explications, malgré la haine visible que vous vouez à ce pauvre Gabriel, vous conviendrez qu'il possède des qualités essentielles ?

— Je l'ai vu, repartit froidement Rumin, beau danseur, infatigable à la course, tireur de première classe, en état de fendre une balle à une lame de couteau, fort joueur d'échecs et de tous les jeux de hasard.....

— Monsieur, dit Jules ému, vous oubliez que Gabriel est mon ami.

— Je voudrais en effet ne pas m'en ressouvenir, et j'ai la conviction que votre attachement ne provient que de la seule ignorance où vous êtes sur sa vie passée.

— Des calomnies, monsieur, s'écria l'Italienne, l'auront noirci auprès de vous.

— Je les écouterais avec chagrin, ajouta Jules.

— Et moi, monsieur, se mit à dire Lucie, moi dont la main avait été promise à cet homme, je vous supplie de me le faire connaître ; du moins est-il convenable que sa femme future apprenne ce qu'il a été.

— Monsieur, je fais un appel à votre honneur, dit Jules alarmé.

— Mademoiselle vous a devancé en ceci, repartit le noble militaire ; je dois à mon ancien grade, à ces croix qui ornent ma poitrine, de répondre au désir des dames avant que de satisfaire les exigences de nos jeunes gens du jour.

— Vous vous en repentirez, s'écria Jules hors de lui.

— On ne se repent que d'un crime, et, Dieu merci, ma main est pure comme mon cœur.

— Quant à moi, dit Olivia en s'efforçant de sourire, je m'apprête à entendre des commérages sans fin : on accuse son chien d'être enragé lorsque l'on veut le perdre ; et que ne vous aura-t-on pas dit contre nous..... contre lui veux-je dire, au moment où la jalousie se sera mise en campagne pour le détruire dans votre esprit?

— La jalousie, répliqua Laurent, n'a guère d'accès auprès de la justice, et lorsque des arrêts émanés d'une Cour royale...

— Des arrêts! dit Jules consterné cette fois.

— Je le disais bien, monsieur, que vous ne saviez pas..... On ignore l'âge, le lieu de naissance, la famille et les antécédens du particulier connu ici sous le nom et prénom de Gabriel Gimont, et signalé ailleurs à la vindicte publique, sous ceux d'Eugène Rouland. A sa vingtième année, il comptait parmi les chevaliers d'industrie dont Paris abonde; il y fit ses belles campagnes et en prit assez d'audace pour se vanter d'avoir servi en qualité d'aide-de-camp auprès de je ne sais quel général.

En cet endroit, les yeux de Lucie allèrent chercher ceux de l'Italienne, leur disant : « Mais apprenez au narrateur que ce général était votre mari. » Olivia, toute distraite, ne vit pas l'insistance muette de Lucie, et ne put, par conséquent, convaincre de fausseté encore les allégations du jeune officier qui continua :

— Cette déception ne dura guère; la police, instruite des escroqueries de Rouland, se mit à sa poursuite; il quitta la France, traversa l'Allemagne et se rendit en Italie; là il fit connaissance avec une créature perdue, qui tenait à la fois une maison de jeu et de débauche...

— Je ne l'ai connu qu'à Paris, dit Olivia pâlissant. Le sous-lieutenant, sans faire attention à ce qu'elle venait de dire, ajouta :

— Syrène adroite, portant aussi plusieurs

noms, jouant plusieurs rôles, faisant partout des dupes et ruinant ceux qu'elle ne pouvait pervertir; elle est belle, elle possède des talens agréables; et, quand il lui plaît d'être modeste, se prétend par alliance la petite-fille d'un roi, tandis qu'en réalité elle ne s'est jamais approchée des autels de l'hymen et qu'elle vienne d'un vil pêcheur florentin qui, dès le bas âge, trafiquait des charmes de cette misérable créature.

Un cri de rage, de douleur, de dépit échappa tout à coup des lèvres décolorées d'Olivia qui, se soulevant de son siége, mit la main sur un poignard court et aigu caché dans les plis de sa robe; mais à peine l'eut-elle tiré que, trahie par ses forces, elle retomba sur son fauteuil, ses yeux se fermèrent, ses mains s'ouvrirent et l'arme perfide glissa sur le parquet. Jules, en même temps s'approcha de l'officier.

— Vous me montrerez, lui dit-il, si vous avez autant de courage que d'audace.

Et Lucie elle-même ne put s'empêcher de

dire au même, et du ton du reproche, pendant qu'elle donnait du secours à Olivia :

—Vous avez été trop sévère ; ah ! monsieur, cela n'est pas bien.

Laurent, dans l'appréhension d'une injure tellement grave, qu'aucune satisfaction ne peut l'effacer, s'était reculé d'un pas, en voyant le mouvement impétueux du jeune homme ; et puis, rassuré par ses paroles :

— Volontiers, répliqua-t-il, mais pas pour aujourd'hui, s'il vous plaît ; mon père est absent, je le remplace auprès du vôtre, et ses intérêts majeurs ne peuvent être compromis par une simple dispute, mais, ou le vôtre ou le mien de retour, je serai à vos ordres ; et croyez bien que si je retarde une explication, je ne la dénie pas. Quant à vous, mademoiselle, qui m'accusez si durement, attendez un peu encore, et vous verrez si, parmi ceux poursuivis par mon indignation, il en est une seule en mesure de réclamer les droits de son sexe ; je vous voyais une seconde fois séduite, j'ai déchiré vivement un voile dont je la croyais couverte; il paraît que déja elle avait débité sa fable.... Au reste, je ne l'affligerai pas de ma présence; je vais partir pour Revel à la nuit tombante, je ne reviendrai que demain; votre ennemi n'est plus ici; l'intrigante est démasquée. Plût à Dieu que cette lumière parût suffisante à M. Jules Renal! Et vous, monsieur, vous, qui me détestez sans doute, veillez sur cette sœur que vous dites chérir!

Laurent salua la compagnie, et se retira incontinent. Plus d'un quart d'heure s'écoula avant qu'Olivia revînt de cet état de spasme et presque d'agitation; son sein battait avec une vivacité extrême, il fallut la délacer; alors, soulagée par une abondance de larmes sans pareille, elle reprit insensiblement l'usage de sa raison. D'abord ses yeux meurtris errèrent autour d'elle, prêts à se refermer à la moindre vue d'un être odieux; de longs tressaillemens, des frissons convulsifs, le claquement des dents serrées comme deux étaux des soubressauts multipliés, annoncèrent qu'en revenant à elle son âme ressentait avec une nouvelle amertume l'horreur de la scène qui naguère avait eu lieu.

Lucie dans ce moment comprit avec délicatesse que sa présence serait peu agréable à cette créature; et, ayant réparé modestement le désordre de sa parure en mettant sur ses épaules un vaste châle, elle sortit sous prétexte d'aller donner des ordres pour le souper. Avant que de parler, Olivia, une autre fois, promena ses regards sur la vaste étendue de la salle, et n'y voyant que Jules, chercha ses mains, les pressa dans les siennes, et puis, poussant des soupirs dont le foyer était dans son cœur :

— Ai-je rêvé? dit-elle, ou une affreuse réalité m'a-t-elle déshonorée auprès de ta sœur? Elle est maintenant convaincue de ma bassesse, de mon indignité; que t'en semble, donne-t-elle toute croyance aux mensonges de cet infâme?... Mais je me rappelle.... Quoi! il a proféré d'indignes mensonges, et tu le laisses vivre, et son cadavre couché sur le plancher ne m'atteste pas que tu m'aimes et que je suis vengée !

— Il existe encore, répondit Jules confus, il a refusé de me suivre à l'instant même, il veut auparavant accomplir la mission que son père lui a donnée ; ce soin rempli, tu auras sa tête, ou bien il me couchera sans vie sur le champ de bataille d'où un seul doit revenir.

— Et ce sera toi, Jules, toi, qui auras puni ce misérable ! Mais que dis-je ! supporterai-je les chances d'un combat où la fortune trahirait le bon droit, où tu pourrais mourir en me laissant offensée ! Non, de par l'enfer ! cela ne se passera pas ainsi, je veux son sang et non le tien ; il faut qu'il meure en punition de son outrage ! il faut que tu vives pour me voir heureuse et vengée ! Oui, mon ami, pas de lutte généreuse à la française, un bon assasinat bien italien, bien satisfaisant !

— Un meurtre !

— *Piccolissimo,* pendant lequel il se sentira mourir. Le ferai-je bâtonner au moyen du sable comprimé dans une peau d'anguille : on n'en revient pas, et nul ne sait comment ni pourquoi nous en finissons avec la vie? Emploierai-je *l'aqua-toffana*, ce délicieux *boccone* qui par degrés détruit chaque jour en nous le principe de la vie, dont on voit clairement les effets et dont l'art cherche en vain à combattre la cause? Aurai-je recours à ce philtre qui prive de la raison, pas assez toutefois pour que l'on ressente l'horreur d'une vie pareille, et où l'on meurt de désespoir à chaque instant sans cesser de désirer tout ensemble et de redouter la mort?... Un coup de couteau, un coup de feu, c'est plus prompt, ce n'est même pas de la souffrance, car enfin, on n'a pas le temps de regretter tout ce qui nous est cher, mais aussi point d'inquiétude si la vengeance réussira ou non ; on a la preuve que l'on est vengé, et le bonheur rentre dans cette âme que l'offense avait déjà si cruellement flétrie... Soit, qu'il meure par le fer ou par le plomb.

Jules, debout devant Olivia, l'écoutait parler avec un frémissement d'épouvante, avec une horreur dont il cherchait à se rendre maître et qui ne le contentait pas. Il admirait comment, lorsque des pensées terribles remplissaient l'âme de sa maîtresse, les traits de celle-ci resplendissaient d'un éclat extraordinaire, et il ne pouvait se rendre compte de ces inspirations de Satan avec cette physionomie de Vénus. Il savait que sous le ciel brûlant de l'Italie, les passions ont un développement auquel les nôtres n'atteignent point; que, dans ces chaudes campagnes, on aime, on hait avec fureur; que la haine a du charme autant que l'amour, et que se venger présente une douceur enivrante, que souvent on ne rencontre pas dans les bras de la beauté. Mais à cette heure où ce sentiment cruel se développait devant lui dans toute sa férocité, il en éprouvait un dégoût mêlé d'épouvante qui lui rendait redoutable la femme qu'il n'aurait voulu que chérir.

Il se peut que son visage exprimât une partie de ce que nous décrivons là, et qu'Olivia, attentive à s'emparer des moindres impressions de son âme, craignît de ne pas y régner plus long-temps si elle y était trop connue. Il advint donc de tout cela qu'un peu de temps après sa sortie furibonde contre son ennemi, son front, chargé de nuages sombres, se montra doux et serein, ses lèvres blêmes ne palpitèrent plus, et un doux sourire remplaça l'amertume de cette fatale gaieté.

— N'est-ce pas, cher ami, que je te fais peur, dit-elle, en empruntant à la colère d'Othello ces expressions dont la véhémence m'a soulagée? n'est-ce pas aussi que des paroles virulentes peuvent seules cicatriser un cœur aussi péniblement ulcéré? Il m'a bien fait du mal cet homme barbare, cet homme qui n'a cru que mes ennemis, qui n'a voulu entendre que leurs calomnies... Et je lui pardonnerais! Oh! non; n'est-ce pas que c'est impossible? que toi-même à ma place serais inexorable? Eh bien! je ferai comme tu aurais fait... Mais, Jules, promets-moi que tu ne l'attaqueras pas en combat singulier. Puisqu'il veut remettre à plus tard le moment de régler cette dispute, j'ai besoin de causer une autre fois avec lui...

oui, de causer de bon accord; je serai gracieuse, gentille, aimable pour lui; je veux lui plaire, le toucher, le changer dans son opinion, le contraindre à m'aimer; ce sera un beau triomphe; mon bon Jules, qu'en penses-tu?

— Olivia, dit celui-ci en venant tristement à elle, la raison une autre fois t'abandonne; tu n'es pas bien, je sens ce qu'a eu de cruel le coup dont cet homme t'a frappée; il t'a perdue sans doute dans l'esprit de ma sœur; quant à moi, je te pardonne si tu es coupable; si tu ne l'es pas, je t'aime et te plains.

— Oh! m'aimer; voilà comme vous êtes vous autres hommes, il vous est facile d'aimer, cela consiste pour vous de votre part en une fantaisie satisfaite; de la nôtre, à vous être fidèle, et puis le reste vous importe peu. Quant à moi, j'appelle amour un dévouement sans borne, une abnégation totale au profit de la femme aimée; que sa pensée soit la nôtre, nos désirs les siens; on doit vouloir ce qu'elle veut; et, quand elle dit à notre main :

Prends ce poignard, et va l'enfoncer au cœur de Laurent, on ne sourcille point, on ne frémit pas, et on donne à ce morceau de fer cette gaîne d'une nouvelle sorte.

Il y avait dans l'expression qu'Olivia mettait à prononcer cette phrase, un mélange singulier d'ironie, d'insouciance, de malice et de résolution qui ne permettait pas d'en démêler le sens réel. Cependant, s'il eût fallu en croire l'expression des regards, la pensée d'Olivia ne se formulait pas en vaine plaisanterie, tant en celui-là étincelait de malice et de férocité ; d'ailleurs, et afin qu'il ne restât aucun doute sur le vrai sens de ces paroles de mort, celle qui les prononçait se pencha vers le parquet, en releva le petit poignard qui venait de choir de sa ceinture et le mit dans la main de son amant ; elle la sentit frémissante et humide de cette sueur froide que provoque dans l'homme une vive émotion. Jules, d'ailleurs, gardait le silence.

— Qu'avez-vous donc ? poursuivit-elle en lui lançant un coup d'œil rempli de dédains et de pitié; vous avez voulu naguère vous enrôler sous le commandement de Gabriel, et voilà maintenant que vous tremblez lorsque le moment décisif approche! Est-ce un feu de paille que votre ardeur? Vous êtes donc incapable d'attaquer? vous n'avez ni amour ni besoin de vengeance? Qui êtes-vous? Je serais curieuse de le savoir!

— Je vous ai offert, répondit Jules, un combat à outrance contre celui qui vous a insultée.

— Je vous ai répondu que ma vengeance veut un châtiment plus certain, où il ne faut pas de chances défavorables.

— Un assassinat de sang-froid me répugne.....

— As-tu reculé devant une action plus basse, devant le vol? Car enfin, tu sais bien à quelle bande tu t'es associé, tu lui appartiens dorénavant. Penses-tu qu'à chaque expédition elle respectera la vie des victimes? Bien au contraire, on demandera leur disparition de cette terre par mesure de sûreté et selon la coutume établie entre tes frères. Toi, nouveau venu, devras verser le sang innocent. Tu pâlis !.. c'est pourtant ce que ta position parmi tes camarades te réserve; et je conçois ta répugnance à frapper un tel coup. Ici le cas est différent, tu dépêches notre ennemi commun, tu me relèves de ses outrages, tu nous délivres d'un dénonciateur qui nous perdra tous; tes amis t'en sauront gré; je t'en chérirai mille fois davantage, et ce meurtre commis t'enlèvera le fardeau de ceux que je te signale.

— Laurent part ce soir, dit Jules sans comprendre pourquoi il donnait cette nouvelle et comme pour signifier que dans tous les cas il faudrait remettre l'acte terrible qu'on lui imposait.

— Il part, dis-tu? s'écria l'Italienne dont la figure passa rapidement de la fureur concentrée à la joie; il t'a trompé.

— A quoi bon? Il a dit vrai; des affaires de son père et du mien l'appellent à Revel : il ne reviendra que bien avant dans la journée de demain.

— C'est un digne homme qui nous veut faire éviter l'horreur de sa présence. Il part.., je lui en sais gré... Allons ! allons, le proverbe a raison quand il prétend que *le diable n'est pas toujours à la porte d'un pauvre homme.*

— Je n'en comprends pas l'application.

— Oh ! ne t'en tourmente pas ; il suffit que je prenne l'engagement de te l'expliquer plus tard ; tu verras alors qu'il ne pouvait mieux faire dans son intérêt, dans le tien et dans le mien. D'ailleurs, ma vengeance reste ajournée, la tienne aussi ; et toi, qui as de l'effroi pour un coup de couteau donné lestement, tu n'as plus à craindre que je l'exige de toi.

Olivia, de ce moment, changea de conversation avec une aisance admirable : elle la ramena sur sa justification, reprit l'une après l'autre les attaques de l'officier, les commenta, les expliqua et parut revêtue de la robe d'innocence aux yeux toujours fascinés de son amant.

VI.

L'Échelle de corde.

> Les gens de bien se perdront toujours par leur facilité à croire que les méchans leur ressemblent.
>
> *Recueil de Maximes.*

A mesure que le soleil, avançant dans sa course brillante, annonçait que les heures s'écoulaient rapidement, Lucie, qui ne quittait pas la fenêtre de sa chambre d'où elle plongeait sur la route par laquelle on rejoignait le grand chemin, s'étonnait péniblement de ne pas voir déboucher du défilé ni des bois qui l'environnaient Louis Marnaud, dont elle attendait la venue avec tant d'impatience. Les conjectures ne faisaient faute en ce moment. Le commissionnaire expédié par Laurent l'avant-dernière nuit, aurait-il été fidèle? aurait-il rencontré Louis? celui-ci aimait-il toujours Lucie, ou bien l'inconstance aurait-elle déjà flétrie son cœur? La jeune fille s'en tourmentait d'abord, et puis la réflexion lui montrant la folie de cette supposition douloureuse, elle en riait, bien assurée que le cœur de Louis ne changeait pas avec autant de rapidité; mais ce qui restait plus plausible, le messager l'aurait-il rencontré à Toulouse? ne serait-il pas dans quelques châteaux voisins, en la compagnie de son tuteur? Et, dans ce cas malencontreux, à quelle époque recevrait-il l'appel adressé à son amour, à sa générosité? quand viendrait-il, et de combien la délivrance attendue serait-elle retardée? Pendant ce temps, Gabriel se tiendrait-il tranquille? Ne tenterait-il pas de surprendre par force celle qu'il n'avait pu obtenir par adresse ?

D'ailleurs, toute prolongation de séjour dans Terclens en présence d'Olivia devenait insupportable pour la jeune fille. Cette créature si vicieuse lui faisait horreur ; elle lui semblait empoisonner cet air qu'il fallait respirer avec elle, et l'heure où elle s'en séparerait ne frapperait jamais assez promptement. La dernière scène avait achevé de lui arracher, sans possibilité de le lui laisser reprendre, le masque dont elle se couvrait ; elle était apparue dans la laideur de ses mensonges, et la souffrir, lui parler, la voir, deviendrait pour Lucie un supplice permanent.

Ce fut dans des pensées de ce genre qu'elle acheva, ai-je dit, de passer le reste de sa journée ; les instans lui semblaient d'une longueur démesurée. Elle aurait pu charmer son inquiétude en contemplant, comme elle l'avait fait pour le matin, les tableaux magiques et sublimes que présente dans les montagnes le coucher du soleil ; mais, trop distraite, trop préoccupée, un seul point l'attachait, et la magnificence de la nature ne lui arrachait que des regards distraits et une admiration inattentive.

La nuit survint; elle enveloppa les divers objets dans une obscurité qui en détruisit les formes. Le ruisseau, le chemin qui le côtoyait, les prairies où il serpentait, et jusqu'à la forêt dont il baignait les racines, tout disparut successivement.

En même temps que la terre se dépouillait de la richesse du paysage, la pompe sublime du pavillon des cieux se présentait par degré dans sa somptuosité accoutumée; à mesure que l'horizon perdait ces teintes d'émeraude, de roses et de topases qui reluisent au soir, on voyait étinceler dans le ciel chacun à son tour ces diamans éternels dont la voûte est parsemée; les étoiles, les planètes scintillaient comme autant de pierreries, parure inestimable du marche-pied du trône de Dieu; la lune manquait à ce cortége radieux et solennel, et par son absence prêtait plus de majesté aux constellations, ses lumineuses compagnes, nymphes immortelles, parure admirable de sa cour.

Lucie enfin quitta la fenêtre; elle entendit peu après la voix de son frère; il lui demanda si elle voulait venir souper. Sur sa réponse négative, il secoua la tête, claqua des mains en signe d'impatience mécontente; puis, s'approchant un peu plus d'elle :

— Tu boudes toujours, Lucie; tu persistes à te montrer injuste envers une pauvre femme lâchement calomniée. Pourquoi préférer les mensonges d'un inconnu? Car compte sur tes doigts, non les jours, mais les quarts d'heure de notre liaison avec lui, et tu verras combien il nous est étranger.

— Mais, répliqua Lucie en retournant l'argument, il me semble que nos rapports envers la royale pêcheuse remontent encore à moins de temps.

— Oui toi, mais moi?

—Toi, Jules, as-tu voix délibérative dans ta propre cause? n'es-tu pas séduit depuis long-temps par cette magicienne? n'a-t-elle pas un intérêt réel à t'égarer? Permets-moi donc de récuser ton témoignage, tandis que je serai toujours portée à admettre celui d'un homme qui, sans m'aimer, fait preuve d'impartialité à mon égard. Au reste, je n'irai pas m'asseoir à la table de cette femme : elle ne restera pas ici; pour peu qu'elle ait conservé des sentimens d'honneur, elle partira; et, en me délivrant de sa présence, tu cesseras d'être obsédé par sa maligne intervention.

— Oh! s'écria Laurent en multipliant ainsi les signes de mécompte, je te suis obligé d'une intrigue qui tient à me séparer de la femme que j'aime; si tu y persistes, compte peu sur ma reconnaissance, et prépare-toi à me voir tout tenter pour te combattre et t'être contraire.

Jules, ces mots prononcés, se recula, tira avec violence la porte en signe de mécontentement et s'en retourna chez l'Italienne; celle-ci, pour que les habitans du château ne s'aperçussent pas de la mésintelligence existant entre elle et mademoiselle Renal, feignit une indisposition et demanda à être servie dans sa chambre. Jules naturellement dut lui tenir compagnie, et rarement on le voyait revenir chez sa sœur.

La soirée avançait avec lenteur pour tout le monde; on attendait un incident qui changerait la vie de tous ceux présens, parce qu'il les placerait dans des positions nouvelles; Olivia, en l'espérant, ramenait toujours les propos vers un point unique, celui de l'alliance indispensable entre Gabriel et Lucie. Par là, disait Olivia, tu gagneras la protection d'un puissant beau-frère, et tu verras, par l'immensité du bénéfice, le prix qu'il convient d'y attacher. Gabriel possède des richesses immenses; elles sont dispersées, il les accumulera sur la tête de ses enfans.

— Je voudrais le voir, dit Jules, afin de le prévenir de ce qui se passe; il est parti trop vite, sans nous laisser des instructions.

— C'est, dit Olivia qui en même temps examina sa montre à répétition, c'est qu'il a pleinement la pensée de se réunir de nouveau à nous.

— Il ne le fera pas, certes, tant qu'il croira Laurent à Terclens. Ah! si nous pouvions lui faire un signe... Mais, mon Dieu! que viens-je de voir?... Et Jules courut à la fenêtre.

— Qu'est-ce? demanda l'Italienne presque effrayée.

— Un météore ou plutôt une fusée qui vient de s'élever de la route de Revel.

— Tu l'as vue? demanda l'Italienne avec empressement. Et elle aussi se rapprocha de la fenêtre.

— Tiens, dit Jules, en voici une seconde; avais-je vu la première?

— Allons, tu as de meilleurs yeux que moi.

— Ou plutôt moins de préoccupation; il en résulte que je vois mieux les choses... Que signifie cet appel dans ces contrées? je voudrais le savoir.

— Ta curiosité sera bientôt satisfaite, dit Olivia qui, pendant qu'elle détournait l'attention de son amant, lança en dehors de la croisée une forte échelle de corde assez longue pour retomber à terre, qu'elle accrocha en même temps à une forte cheville vissée dans le courant du jour, et ainsi préparée à l'avance.

Jules, distrait, ne vit rien de ces préparatifs, le fait des fusées l'occupait tout entier; il y rêvait en se promenant dans la chambre, en allant de la fenêtre à la porte; et, comme il revenait vers celle-là, son regard s'arrêta à contempler une vision étrange, celle d'un homme qui, placé en dehors de la croisée, examinait ce qui se passait en dedans. Jules, à cette vue menaçante, s'élança pour repousser celui qu'il prenait pour un inconnu, lorsqu'en approchant, il fut tout surpris de recevoir dans ses bras Gabriel qui s'y précipita.

L'aspect de Gabriel, arrivant par cette route inaccoutumée, surprit Jules au dernier point; son étonnement augmenta à la vue du nombre d'hommes de mauvaise mine qui l'accompagnaient, et qui, successivement, débouchèrent par le même chemin. Ils étaient douze, Charles Reverchon, et le prêtre Lottier se trouvaient du nombre; les autres, recrutés dans les mauvais lieux de Toulouse, frappés de condamnations flétrissantes, entraient en guerre avec le genre humain, parce que, depuis long-temps, la société ne voulait plus d'eux.

Ces hommes faisaient mal à voir, tant par l'étrangeté de leur costume que par le galbe hideux de leur physionomie; si Gabriel les avait choisis pour inspirer l'effroi et la soumission, certes nul n'aurait pu leur être préféré. C'était l'élite des brigands, mais des brigands misérables. Chacun, à mesure qu'il sautait dans la chambre, allait se ranger contre la muraille; le dernier, exécutant sans doute l'ordre reçue à l'avance, replia l'échelle de soie, la décrocha et la mit tranquillement dans sa poche; celui-là, nommé Pierre Mulard, sortait du séminaire, d'où ses vices l'avaient fait chasser; les propos de cet impie débauché faisaient frémir jusqu'à ses camarades; le vil personnage ne croyait jamais assez se dégrader afin de prouver la justesse de sa vocation; et plus, il se rappelait la sainteté de sa vie passée, plus il s'abandonnait à sa perversité naturelle, afin de prouver qu'il ne lui restait rien des qualités de son ancien état.

—Eh bien, Jules, dit Gabriel en l'embrassant une seconde fois, que te semble de cette belle, bonne, et surtout solide compagnie? Lorsque je suis parti ce matin, espérais-tu me revoir aussitôt? J'ai feint de céder à ce drôle qui, avec une arrogance sans pareille, abusait du précaire de ma situation. Ma course m'a conduit à Revel, où j'avais donné rendez-vous à mes gens avant que de quitter Toulouse; ils s'y étaient rendus par divers chemins. J'ai repris le commandement de ce petit détachement de notre grande armée; et, à la nuit close, je suis revenu, certain que la bonne Olivia nous attendait, et qu'avec son secours je rentrerais dans le cœur de la place... Maintenant que je sais combien la besogne est lourde, hâtons-nous de travailler; je sais où couche Laurent ce soir; demain il aura un autre lit, plus profond, plus étroit et aussi plus sûr.

Ces derniers mots excitèrent l'horrible hilarité de la troupe; Gabriel prenait déjà le chemin de la salle à manger, que précédait la chambre d'Olivia, lorsque celle-ci l'arrêtant :

— Tu ferais une course vaine, ta mauvaise étoile te poursuit; celui qui doit mourir, si nous voulons vivre, Laurent est parti tantôt pour des affaires de la ferme; il s'est rendu à Revel, et n'en reviendra que demain.

Un désappointement sinistre couvrit le visage de Gabriel, un blasphême affreux partit de sa bouche, et il s'écria :

— Je gage, Mulard, que c'est ce particulier que nous avons rencontré presque à la sortie de Revel, et qui, à notre approche, s'est si promptement jeté dans un sentier voisin. Oh! si je l'avais reconnu !

— Il t'aura vu, dit Olivia avec inquiétude.

— Non, j'avais ma pellicule de déguisement; mais nous étions quatre, et la mine de ces messieurs inspire ces précautions salutaires. Laurent, si c'est lui, a cédé simplement à un instinct de conservation.

Les brigands se mirent à ricaner : la plaisanterie de leur capitaine amenait cette lourde gaieté. Gabriel continua :

— Au reste, il n'aura rien perdu pour attendre, je réglerai son compte avec nous jusqu'au dernier centime à notre première vue.

— Et j'aurai soin de te le rappeler si par cas tu manquais de mémoire, dit Olivia avec une véhémence terrible. Ah ! Gabriel, si tu savais combien il m'a offensée !

— Capitaine, dit alors le lieutenant Pierre Mulard, la maison paraît bonne, il conviendrait de l'exploiter.

Alte-là, messieurs, repartit Gabriel en riant, outre que ce château appartiendra un jour à l'un des vôtres par droit de succession, il se peut aussi que j'y aie droit de partage; ainsi que nul ne cherche d'en détourner un sou à son profit, s'il ne veut pas faire connaissance avec la lame de mon sabre. Ceci avancé sous forme de conseil, couchez-vous un moment sur le lambris, s'il vous plaît de le faire ; j'ai à tenir conseil avec madame et monsieur (désignant Olivia et Jules), et quand il faudra agir, je vous appellerai au moment de l'exécution.

Ces hommes, accoutumés à jouer avec le sommeil comme avec leurs meilleurs camarades, exécutèrent sur-le-champ l'ordre exprès de Gabriel. Ils se laissèrent tomber sur le dos, appuyèrent la tête contre un meuble, et, deux minutes après, ils dormaient tous. Cependant, et pour éviter l'attention curieuse de certains d'entre eux, le trio se rapprocha de la fenêtre, que la beauté de la saison permettait de ne pas fermer. Là, Gabriel, prenant une main de Jules, et de l'autre celle d'Olivia :

— Les instans sont précieux, dit-il ; il est positif que Laurent travaille contre nous, aussi bien que nous le tentons contre lui ; il m'est venu d'ailleurs de nouvelles lumières. Votre père arrive avec un projet de mariage pour vous, Jules, et les autorités de Toulouse doivent s'emparer de ma personne et de celle d'Olivia ; vous ne serez pas épargné, non plus, car Hilaire Robert, cette bête brute, n'a pas su se taire : on l'a fait parler; vous êtes du nombre des inculpés.

Jules tressaillit. Gabriel vit le mouvement, haussa les épaules et ajouta :

—En avez-vous peur? et espériez-vous qu'un voile perpétuel vous cacherait à toutes les investigations ? C'était impossible : maintenant vous êtes en lutte ouverte avec le pouvoir, lutte adroite de votre part et écrasante de la sienne. N'en ayez pas peur : avec de l'art on s'efface, on le joue et on lui échappe. Cependant il est des cas où la retraite est du courage prudent; nous sommes dans une de ces passes; sachons nous y conformer, mais ne partons pas seuls et que votre charmante sœur nous accompagne.

—Je le désire, dit Jules, et ne crois pas réussir; ma sœur, plus que jamais, est irritée contre moi et surtout contre la chère Olivia.

Ici Jules raconta le dernier incident de la journée, et Gabriel dit tranquillement :

— Cet homme veut en finir avec la vie, puisqu'il brave une Italienne : qu'en dis-tu, à ton tour ?

— Moi, repartit Olivia, j'ai déjà pris mes mesures ; Jules connaît mon ultimatum.

— Oh ! du sang ! Par *san Genereo* ! dit Gabriel en riant, du sang, et répandu vite, n'est-ce pas ? je te connais. Mais ce sang ne suffit ni à ta vengeance ni à la mienne ; Laurent n'est pas le seul que je veuille punir...

Gabriel s'arrêta, et puis se mit à dire :

— Jules, j'ai à vider une vieille querelle avec ta sœur ; conduis-moi vers elle ; nous allons en finir.

— Si nous attendions à demain ? dit le jeune homme, j'aurais le loisir de préparer Lucie...

— A prolonger sa résistance, n'est-ce pas, jusqu'à ce qu'il lui vienne du secours de Revel ou de Toulouse ? Tu es fou ! Il faut au contraire profiter de l'absence de Laurent. Il y a parmi mes gens un prêtre ; il a beau être un misérable, sa main n'en est pas moins sacrée ; il bénira notre mariage, et, plus tard, il faudra bien que ton père le sanctionne.

— Gabriel a raison, dit Olivia en embrassant Jules, si tu veux être mon mari, tu en sais la condition : Gabriel, auparavant, doit être celui de ta sœur.

— Mon Dieu ! que va-t-elle dire ? s'écria Jules piteusement ; soutiendrai-je son désespoir, ses larmes, ses reproches ?

— Oh ! non sans doute, repartit l'Italienne, ta faiblesse me répond de ta lâcheté ; reste ici, laisse-nous faire, nous déterminerons Lucie à céder à la nécessité.

Lottier, dit Gabriel, allons, mon gars, aux armes ! ou plutôt revêts tes habits sacerdotaux. Oh ! la bonne mine que tu feras ainsi fagoté.

— Capitaine ! dit le jeune Mulard, attendu que je suis le dernier sorti du séminaire, je réclame mon droit de servir la messe et de remplacer l'enfant de chœur.

Toute la troupe se releva et se permit des plaisanteries sacriléges. Le jeune Jules en frémissait et reconnaissait avec horreur dans quel piége il était tombé; mais ces éclairs de remords s'affaiblissaient devant une caresse d'Olivia, et il la vit partir avec Gabriel, Lottier, le jeune Pierre Mulard, deux autres de la bande, et il demeura avec le reste qui, le sachant le maître du lieu, lui demanda de faire apporter du vin.

On ne peut en avoir à cette heure, répondit-il; les gens dorment, et ce serait une belle affaire que de les éveiller pour leur montrer qui est ici!

VII.

Retour du Père.

> Qui se ressemble s'assemble.
> *Proverbe.*

La porte de la chambre de Lucie, quoique fermée avec soin, ne résista pas à l'attaque mêlée de force et d'adresse qu'employèrent ensemble Gabriel, Reverchon et Lottier; elle cria, s'ébranla, et les panneaux en furent brisés avec un fracas qui aurait répandu l'alarme dans une maison moins vaste : ici le bruit ne dépassa pas ce dernier corps de logis, et les gens de la ferme étant ensevelis dans un profond sommeil n'en furent pas troublés; mais la pauvre jeune fille qui veillait et qui s'était promis de ne pas se coucher, tant qu'elle serait avec l'Italienne, sentit une terreur inexprimable glacer son âme, lorsqu'à la fois elle entendit rompre la porte et que par l'ouverture vinrent à elle Olivia et Gabriel.

Lucie comprit tout son malheur; Laurent était absent, et ses persécuteurs réunis, elle entrevit son horrible destinée, et elle implora le ciel, n'ayant, selon toute apparence, aucun autre appui sur la terre; et sa prière véhémente, sans diminuer son effroi, lui rendit néanmoins un peu d'énergie.

— Mademoiselle, dit Olivia, ne vous épouvantez point, c'est un amant impatient de se rapprocher de celle qu'il aime, mais incapable de profiter de son avantage pour alarmer sa vertu. Gabriel vous adore, il veut être uni a vous par un lien sacré; ne lui résistez pas et vous deviendrez heureuse parmi toutes les femmes.

— Sortez, madame! sortez, monsieur! répondit Lucie, sortez! je vous l'ordonne. Quoi! mon frère me livre à un complot odieux ; il n'a donc plus aucune vertu? Hélas! que lui peut-il rester en votre détestable compagnie ?

— Insensée! dit Olivia, tu es en notre pouvoir, et tu nous outrages; ton règne est passé: l'un de tes protecteurs t'abandonne; l'autre a quitté le château : il ne doit pas y rentrer vivant. Soumets-toi à ta destinée, ou crains....

— De perdre la vie! répliqua Lucie, j'y suis préparée, car jamais je ne consentirai à vous satisfaire, et seule je lutterai jusqu'à la mort contre cette violence perfide.

— Un si ferme caractère, dit alors Gabriel, augmente ma vive admiration et me maintient dans ma volonté non moins énergique. Vous serez à moi, mademoiselle, à moi pendant cette nuit. Cependant, vous avez des préjugés que je respecte : un prêtre est à ma suite, un prêtre qui a le pouvoir de bénir notre union.

J'ai réclamé son ministère ; il se **prépare**, et vous allez le voir revêtu des habits sacerdotaux.

— S'il est tel que vous l'annoncez, si ce n'est pas encore une parodie sacrilége, dit Lucie, ou il me prêtera son secours, ou il prononcera sur moi les dernières prières que la religion accorde à l'âme chrétienne au moment où elle va quitter la terre.

— Ce moment, reprit Gabriel en souriant, n'est pas aussi proche que vous semblez le prévoir, et l'abbé Lottier, avant que de vous administrer le sacrement de l'extrême-onction, procédera à celui du mariage. Or çà, poursuivit Gabriel en élevant la voix, qu'on dispose tout selon mon ordre.

Aussitôt, et, par la porte qu'on acheva d'ouvrir, plusieurs hommes entrèrent portant ce qu'il fallait pour garnir un autel, qu'on établit sur la commode de la chambre de Lucie : un crucifix d'or, quatre riches chandeliers, le *te igitur*, la patène et les ornemens ; la chasuble, l'étole, le manipule, rien ne manquait, pas même le voile long et étroit en velours bleu, magnifiquement brodé; qui, par une coutume particulière au midi de la France, est étendu à la messe des épousailles sur la tête des nouveaux mariés.

Ces préparatifs furent faits avec rapidité; dès qu'on les eut achevés, le blasphémateur Lottier, déjà revêtu de l'aube et suivi de Mulard, entra dans la chambre, salua la compagnie, et, se plaçant en face de l'autel improvisé, se mit à commencer la messe. Jules en ce moment parut; il marchait la tête basse; et, au lieu de pénétrer plus avant dans la chambre, il s'arrêta sur le seuil de la porte, comme si ses remords l'eussent empêché de se rapprocher de sa sœur.

— Vous voyez, mademoiselle, dit Gabriel avec une expression solennelle, que ma bonne foi n'a rien négligé de ce qui rassurera votre conscience. Les témoins ne manquent pas, et je ne cherche point à vous extorquer une union clandestine.

— Monsieur, dit Lucie sans daigner répondre à Gabriel et sans même le regarder et en s'adressant uniquement à Lottier, êtes-vous réellement ce que vous paraissez être, un ministre du Dieu de vérité?

— Mademoiselle, lui fut-il répondu, voici mes lettres de prêtrise : on peut les vérifier, je les soumets à l'investigation la plus sévère.

— Eh bien! monsieur, si cela est, je proteste devant vous contre la violence qui m'est faite; je déclare me refuser à cet affreux mariage, entrepris contre ma volonté, contre celle de mes parens.

— Non pas au moins, dit Gabriel, contre celle de votre frère, car le voilà présent, et sa personne dément d'une façon victorieuse l'injustice de cette assertion.

Tous les regards se tournèrent vers Jules qui, accablé par la honte, se montrait pâle, tremblant et comme insensible.

— Jules, lui dit Lucie, est-ce possible que tu me livres à ce malheureux?

— Jules, répliqua le déhonté Gabriel, est-ce volontairement que vous m'accordez votre sœur?

Jules, incapable de répondre, continuait à se maintenir dans le silence et l'immobilité.

— Mon frère, au nom de Dieu! viens à mon aide; as-tu donc oublié notre amitié? te montreras-tu cruel envers celle qui a passé sa vie à te chérir et à te le prouver?

— Monsieur Renal, vous êtes homme, et à ce titre, vous ne manquerez pas à vos engagemens.

— Mon frère! mon frère! Oh! barbare!

— Allons, Jules, prononcez vous.

— Lucie, tu seras heureuse avec Gabriel, sois-en persuadée.

La jeune fille poussa un cri douloureux; et, Gabriel se tournant vers le prêtre :

— Monsieur, vous plairait-il de commencer la cérémonie?

— Je m'y oppose, s'écria Lucie; cet insensé qui me livre à ses complices est sans pouvoir sur moi; c'est mon père, mon père seul qui a le droit de disposer de sa fille! Aucun de vous ne l'ignore ; tremblez qu'il ne vous punisse d'un si étrange abus de pouvoir !

— Mademoiselle, dit alors Lottier, votre père est absent, je dois croire que monsieur votre frère le représente ici ; il approuve un mariage convenable d'ailleurs de tout point, je ne vois pas pourquoi vous vous y refuseriez ; soumettez-vous, et, par des plaintes vaines, n'interrompez pas la sainteté de la cérémonie.

Et, une seconde fois, il se mit en mesure de commencer la messe, oubliant que la bénédicton du mariage devait la précéder. Lucie, dans cet instant critique, seule au milieu de tant de persécuteurs dont elle ne pouvait sans frémir contempler les physionomies atroces, tomba d'abord dans un découragement qui lui enleva toute son énergie ; des larmes abondantes coulèrent de ses yeux ; puis, se tournant vers Jules, elle l'implora avec un accent qui aurait attendri l'âme d'un barbare ; mais son frère, égaré par le serment qu'il avait prêté, par son affiliation à cette troupe criminelle, se trouvait là sans pouvoir; elle se tourna alors vers Olivia, et, au nom de leur sexe, lui demanda une protection que la créature insensible lui dénia.

Cependant Gabriel, d'après un signe que lui fit le prêtre blasphémateur, s'avança près de Lucie, et, s'inclinant avec grâce, la conjura de venir avec lui au pied de l'autel.

— Non, non ! s'écria-t-elle en se reculant; jamais de mon consentement libre cet hymen détestable ne se conclura; aucun de ceux qui sont ici ne possèdent d'autorité sur ma personne, je ne relève que de mon père, lui seul, oui, lui seul a des droits que je ne dénierai point !

— Il sera le premier à applaudir au choix de votre frère, dit Olivia, lorsqu'il sera de retour.

— Taisez-vous, madame ! repartit Lucie avec indignation ; M. Laurent vous connaissait bien, et je ne peux comprendre comment il a pu s'éloigner tant qu'il vous a su dans ce château.

— Morbleu ! se mit alors à dire Pierre Mulart, le clerc prétendu, si on n'en finit pas avec cette mijaurée, la messe sera sans terme. Allons, capit... allons, monsieur Gimont, prenez-lui la main, placez-y la bague nuptiale et que tout finisse ; car ceci devient par trop ennuyeux.

Ces paroles étranges, assaisonnées de jurons que je supprime, formèrent un tel disparate avec la gravité apparente de la cérémonie, que chacun en demeura surpris. Il était clair, puisqu'on ne punissait pas sévèrement qui se le permettait, que ce qui se passait était, non une action sérieuse, mais une parodie coupable d'un auguste sacrement. Gabriel irrité, se retournant vers ce jeune audacieux :

— Drôle, lui dit-il, je vois que tu veux être châtié, tu le seras : je ne souffrirai point cette audace arrogante. Cependant, mademoiselle, vous voyez, la patience de ces messieurs est à bout ; ils sont venus pour assister à mon mariage, il serait honteux pour moi qu'il ne s'accomplît pas. Allons, un peu de résignation, si ce n'est de condescendance.— Venez, c'est un instant solennel; vous ne vous repentirez pas plus tard de vous être soumise à votre destinée.

Il achève, et il s'avance vers Lucie, qui, éperdue, se recule et va s'appuyer contre un meuble à l'extrémité de la chambre et auprès de la porte du cabinet par où on allait au passage secret.

— Je proteste! s'écria de nouveau la jeune fille, je proteste au nom de Dieu!.. Au secours! qui que ce soit, poursuivit-elle, au secours!.. Mon père, mon père! au secours! au secours!

Cependant Gabriel, sans être intimidé par ces paroles plaintives, s'avançait; déjà sa forte main saisissait le bras glacé de Lucie. Les assistans, joyeux du désespoir de cette infortunée, s'apprêtaient à jouir de sa dernière lutte avec celui qu'elle détestait..... La porte du cabinet était fermée..... elle vint à s'ouvrir, et un homme parut. Il n'était pas seul, plusieurs autres individus l'accompagnaient, mais ceux-là ne se montrèrent pas encore ; ils s'arrêtèrent dans la pièce précédente, obéissant au geste que leur fit M. Renal ; c'était lui. Il s'avança tout à coup entre Gabriel et sa fille ; celle-ci, à sa vue, poussa un cri d'allégresse et se mit à genoux en levant les mains vers le ciel. Gabriel, confondu et dont la physionomie exprima successivement le désappointement, la rage et la colère, fit deux pas en arrière, et dit à demi voix :

— Enfer ! malédiction ! Vincent Maltaire !

— Que se passe-t-il donc ? demanda le nouveau venu d'un ton impérieux ; qui donc viole la paix de ma demeure ? pourquoi ma fille implore-t-elle mon aide ? où est son frère, son défenseur naturel ? de qui a-t-elle à se plaindre ? et enfin pourquoi cet appareil religieux ?

Un silence profond régnait dans la chambre. Olivia, frémissante, cachait son visage. Jules, consterné, conjurait la terre de l'engloutir. Les autres brigands n'étaient pas plus tranquilles. Gabriel seul, que le nouveau venu ne pouvait voir, montrait quelque sorte de courage : il y eut même un moment où il chercha dans son sein un pistolet ; il voulut en ajuster M. Renal ; mais la main de fer d'un des assistans lui arracha l'arme meurtrière, celle de Reverchon, qui, en même temps, lui dit à l'oreille :

— Traître ! n'est-ce pas là **notre chef à tous** ?

Ceci eut lieu si vite que nul ne s'en aperçut. Gabriel se mordit les lèvres et pâlit à son tour. Nul, néanmoins, ne répondit aux questions de M. Renal, pas plus Lucie que les autres, à tel point la véhémence de son émotion dominait les facultés de son âme. M. Renal, voyant qu'on ne prenait pas la parole pour lui expliquer ce spectacle si extraordinaire, s'avança au milieu de la chambre, regarda d'un coup d'œil rapide tous les assistans, en reconnut la majeure partie, et jusqu'à son fils, dont l'immobilité était en rapport avec la pâleur et l'abattement.

— Ne trouverai-je donc que des statues ? poursuivit l'interlocuteur en élevant la voix ; on ne me reconnaît donc pas? on ne craint donc pas ma colère ? On sait pourtant de quelle manière je punis l'insubordination. Qui commande là ? qu'on me le nomme, et sur-le-champ !

— C'est-moi ! dit Gabriel en se plaçant au milieu du cercle.

— Toi !.. Ah ! te voilà, Eugène, je croyais t'avoir perdu. Eh bien ! as-tu cuvé ton orgeuil? tu m'expliqueras ce qui reste pour moi une énigme : malheur au drôle à qui j'aurai à en faire payer le mot !

— Monsieur, dit alors Olivia, vous êtes un homme sage; vous comprendrez combien il importe de maintenir l'union au milieu de tant d'amis; ne vous laissez prévenir par aucune récrimination ; écoutez de l'une et de l'autre oreille avec impartialité...

— Je vous demande pardon, madame, dit Renal avec ironie et sans s'embarrasser s'il interrompait Olivia avant la fin de son propos, mais je crois avoir l'honneur de parler à la signora Cesarini. Qui vous à conduite ici? qui a osé vous mettre en rapport avec ma fille? Par-là morbleu! il y aura du sang de répandu. Holà! entrez, vous autres.

Aussitôt quatorze individus armés comme pour un jour de bataille sortirent du cabinet du passage secret, et environnèrent M. Renal; la chambre, quoique vaste, se trouva entièrement remplie. Le père de Lucie s'adressant aux nouveaux venus :

— Emparez-vous de cette créature (il désigna Olivia), saisissez-vous de ces deux drôles qui profanent un costume auquel ils ont dû renoncer depuis que du service de Dieu ils ont passé à celui du diable; emmenez tous les autres dans les souterrains par où nous sommes venus et qui nous servent d'asile. Jules, et toi, Eugène, restez ici.

Tous se soumirent au commandement impérieux du père de famille, Olivia, consternée, ainsi que les autres ; et , en passant devant Gabriel :

— Songe à toi, songe à moi ; nous sommes perdus si tu ne nous aides.

Un geste de Gabriel fut sa seule réponse ; l'Italienne en comprit la portée, et s'éloigna moins tourmentée. Ce lieu, tout à l'heure encombré par la foule, parut changé en une solitude, à tel point le calme y régnait. Gabriel s'était jeté sur une chaise, méditant sur ce qu'il avait à faire ; Jules, anéanti, demeurait à la place où il s'était tenu depuis le commencement de cette scène singulière ; Lucie, hors d'elle-même, moins par le souvenir du péril qu'elle avait couru, que par l'épouvantable lumière qui frappait son cœur, restait encore agenouillée, ne tenant à l'existence que par le sentiment de sa poignante douleur. M. Renal, au milieu de ce trio, sans songer à relever sa fille, sans aller à son fils, sans parler à Gabriel, allait et venait, assailli par mille réflexions, cherchant à se conseiller sur ce qu'il avait à faire dans sa situation sans pareille, se voyant prêt à perdre ce respect auquel un père coupable ne doit plus prétendre, et souffrant dans tout son être ce qu'un homme encore sensible peut souffrir.

— Lucie, dit-il enfin, chère enfant, qu'est-ce qui t'afflige ? tu pleures, et pourtant je suis ici, j'y suis pour te défendre. Ce méchant garnement (et il désignait Jules) t'aura vendue à quelque polisson de sa trempe ; cette femme exécrable conduisait sans doute l'intrigue. Rassure-toi, je suis en mesure de te défendre ; tu as vu mes amis... ne les juge pas mal... ce sont d'honnêtes contrebandiers... poursuivis par cette douane exécrable.

— Oh! oui, de très honnêtes gens, reprit Gabriel du ton de l'ironie et avec un mélange d'audace et de sarcasme facile à démêler. Mademoiselle, les amis de votre père sont dignes d'être les miens.

— Eugène Rouland, s'écria Renal, tu n'as donc rien perdu de ton arrogance ?

— Monsieur Vincent Maltaire, le serpent changea de peau et non l'homme de caractère.

— Je ne m'appelle point Maltaire.

— Ni moi non plus Rouland; quand vous manquez de mémoire, je perds la mienne. Au demeurant, il faut que je vous parle, que vous m'écoutiez et tranquillement; sans cela, le bien commun irait mal. J'aime le proverbe: les loups entre eux ne doivent pas se manger.

Lucie, du moment où son père s'était montré familier avec Gabriel, avec les compagnons de celui-ci, avait senti un voile tomber de devant ses yeux; la vérité fatale, lui apparaissant dans sa nudité, avait brisé son âme; elle voyait avec horreur celui qu'elle eût voulu respecter affilié à de vils brigands et même leur supérieur. Le crime était donc le négoce auquel il se livrait, certitude désespérante; et comment désormais pourrait-elle espérer le bonheur? Oserait-elle faire à son amant cette funeste confidence? et en la lui déguisant lui donnerait-elle pour femme la fille d'un.....

Ah! que ce mot lui était horrible à prononcer! Et son frère, son frère perdu comme son père! Quelle famille! quel avenir! Et, qui lui répondait que la justice, souvent aveugle, ne la confondrait pas avec ses parens et ne la flétrirait pas d'un jugement infamant?

Abîmée sous tant de secousses qui la frappaient à la fois, prenant l'existence en détestation, elle ne demandait plus à Dieu de la secourir contre l'amour désordonné de Gabriel, mais de terminer son existence, ce monde désormais ne devant lui offrir qu'une succession de chagrins amers. Elle se releva lentement, s'assit en silence, et chaque mot du persiflage que Gabriel adressait à son père la frappait durement à son propre cœur.

— En entrant si tard dans mon château, je croyais n'avoir qu'à y chercher le sommeil, dit Renal, et non à y trouver mes enfans en si nombreuse compagnie!

— Et c'est là précisément, répliqua Gabriel, ce que je veux vous expliquer. Passons dans une autre chambre, aussi bien mademoiselle a-t-elle besoin de repos, à la suite de tant de rudes secousses; demain je me représenterai devant elle, et j'espère qu'elle ne m'opposera plus le seul obstacle qu'elle invoquait avec quelque ombre de raison.

— Mais, enfin, que s'est-il passé? demanda Renal hors de lui.

— Je vous offre, depuis une heure, de vous l'apprendre, à la condition que ce ne sera pas dans cette chambre. Allons, Renal, de la confiance, de l'abandon, et l'accord d'autrefois pourra renaître.

— Avec toi, jamais!

— Nous verrons, digne capitaine; la nuit porte conseil et les instans nous sont précieux. Quant à toi, pauvre Jules, qui portes lourdement le poids des grandeurs paternelles, va dans ta chambre, je réponds que tu n'en sortiras pas.

Jules, sans se le faire répéter, et joyeux d'échapper à une explication qu'il redoutait, impatient d'ailleurs d'éclaircir les mystères qui environnaient son père et Gabriel, s'évada en hâte plutôt qu'il ne se retira, et M. Renal, non moins hors de lui que son fils et sa fille, suivit Gabriel qui, seul, conservait son sang-froid.

VIII.

Les deux font la Paire.

> C'est par la permission du ciel que les méchans se nuisent les uns les autres.
>
> Le Noble.

Les premiers rayons de l'aube doraient la cime des montagnes Noires, et déjà de faibles clartés illuminaient la vaste salle à manger du château de Terclens où se promenaient Renal et Gabriel; plusieurs bouteilles pleines ou vides, posées sur le buffet, et deux verres, annonçaient que ces deux personnages avaient commencé à chercher dans les libations bachiques un auxiliaire contre les attaques qu'ils avaient à se porter ; ils se promenaient dans la longueur de la pièce, et Gabriel, d'une voix tranquille, racontait les scènes diverses que nous avons mises sous les yeux des lecteurs. Ce récit bizarre était loin de plaire à Renal ; son sang, échauffé d'abord par l'excellent vin de Roussillon qu'il avait bu, acquérait un nouveau degré de chaleur, lorsque Gabriel, avec une rare effronterie, faisait connaître les piéges qu'il avait tendus au frère et la sœur.

— Mille tonnerres ! s'écria Renal à la fin de cette confidence arrogante, et tu crois que je te pardonnerai ?

— Ce n'est pas un pardon que je sollicite, ni ton amitié que je demande, répliqua froidement Gabriel : tu m'as ravi le commandement suprême qui m'était dû, j'ai voulu, j'en ai cherché la vengeance. Te présenter ton cher fils enrôlé dans notre troupe lorsque tu voulais en faire un sot bourgeois, ne m'eût satisfait qu'à demi ; il me paraissait meilleur de déshonorer ta fille : je la jugeais digne de toi...

Ici Renal fit un mouvement, Gabriel lui prit la main.

— Oh! pas de coups à la sicilienne; écoute jusqu'au bout. S'il ne s'agissait que de se prendre en traître, tu ne m'aurais pas devancé, je t'assure (Gabriel oubliait sa tentative dernière, dont Reverchon avait empêché l'exécution); ma franchise n'a pas pour but de te déplaire, mais de te prouver mon vif désir de me raccommoder avec toi. Ta fille, Vincent, vaut mieux que nous, c'est un ange parmi des démons; elle m'a deviné, m'a dédaigné, je me suis piqué au jeu; et, comme un imbécile, je me suis rendu sottement amoureux d'un enfant. Alors j'ai préparé la comédie ridicule que tu as mal à propos interrompue; tu es venu comme par miracle, et à la rivière ma belle invention. J'aurais pu lutter contre toi, combattre et te vaincre, j'aime mieux traiter et nous raccommoder ensemble. Voici ce que je te propose, mais, auparavant, buvons, car rien n'altère comme la narration et la mauvaise humeur.

Gabriel versa du vin dans son verre, emplit celui de Renal; et, ayant bu, ce que ne fit pas son compagnon :

— Ecoute, dit-il, ce que m'inspirent le bon sens et la prudence. Donne-moi ta fille en mariage légitime, et dès lors que je serai ton gendre je cesserai d'être ton ennemi.

— Cela ne se peut, répliqua froidement Renal; d'abord par la raison que tu déplais à Lucie, la seconde parce qu'elle est promise à un homme d'honneur qui la rendra heureuse.

— Le crois-tu? Eh bien, dans ce cas, grande est ton erreur. Te flattes-tu toujours, Vincent, car il me plaît de te donner le nom sous lequel tu es en démêlé avec la justice; te flattes-tu, dis-je, que celle-ci ne finira point par t'atteindre? Je sais combien tu es adroit, que c'est aux extrémités de la France, en Angleterre, en Allemagne, en Italie, en Espagne que tu vas chercher le butin; tu laisses le

Languedoc tranquille ; mais il peut y avoir des traîtres, tu as des ennemis ; ceux-là venant à te dénoncer, et ta fille mariée, de quel œil son mari la verra-t-elle, lorsque, sortie d'un père flétri par la main du bourreau, ta honte rejaillira sur ton gendre ? Ne vaut-il pas mieux que tu donnes Lucie à ton égal, à un homme qui ne pourra rien te reprocher et que ton sort ne désespérera pas ? Cette union, si tu es sage, convient seule. Tu sais en outre ce que je veux et ce que je peux ; pèse mes propositions dans la balance impartiale ; sois habile, et nous nous sauverons d'un mauvais pas.

— Tout est vu, tout est décidé, dit Renal d'une voix fermement accentuée ; je ne veux, je ne peux t'accepter pour gendre : je te connais ; Lucie est un ange, songe à qui je la livrerais !

—A l'émule de Satan, à un demi-diable ; je suis tout cela et je ne m'en tourmente point. Dès qu'on a dévié de la route de la vertu, qu'importe le plus ou moins de perversité ? Je suis supérieur à nombre de nos camarades ; et, si tu as pu l'emporter sur moi, je suis encore à me demander comment.

— Le fait est certain, tu me voulais pour second et je te commande. Tu t'en es vengé en corrompant mon fils, je ne puis assez te vouer de haine. Et je t'accepterais pour gendre! et je te laisserais souiller la candeur de mon enfant! Non, Gabriel, ne l'espère pas. Quant à cette vile créature qui t'a servi d'appui pour attirer Jules dans tes filets, je devrais la punir; mais, par égard pour toi, je l'amnistie; emmène-la où tu voudras, emmène aussi Lottier et l'autre; c'est tout ce que je t'accorde, mais à la condition que tu quitteras Toulouse, que tu ne remettras jamais les pieds dans le Languedoc.

— Aucune de ces conditions ne me convient; je veux ta fille, c'est mon ultimatum.

— Adieu, Gabriel, abrégeons des paroles inutiles. Je t'ai donné mon dernier mot, quitte le château et n'y reviens pas, si tu ne veux que je te fasse fusiller par tes propres camarades.

— Soit, Renal, adieu. Je vais à mon tour te donner mon dernier mot. En m'aventurant dans un lieu où je pouvais te rencontrer et tomber en ton pouvoir, j'ai dû prendre mes précautions; elles sont prises, les voici. Demain au soir, si je ne suis pas de retour à Toulouse, un ami fidèle a la commission de remettre au procureur général un mémoire; là, je donne à connaître l'histoire curieuse de Vincent Maltaire, connu dans la capitale de la Haute-Garonne sous le nom de M. Renal, négociant en bijouterie et dentelles. Le moindre de ses faits et gestes y est soigneusement détaillé; je désigne ses divers domiciles dans l'intérieur, à l'étranger; en un mot, il y a tous les renséignemens qui conduiront à l'atteindre n'importe l'endroit où il se retirera.

— Et tu as fait cela, Gabriel?

— Oui, cher capitaine : je suis homme de précaution.

— Tu es un traître ! un monstre !

— On me l'a dit plus d'une fois.

— Tu perds de gaieté de cœur tous tes camarades ! tu détruis leur vaste association !

— J'en conviens ; mais eux, comment m'ont-ils traité ? D'abord, ils t'ont préféré à moi, voilà leur tort ; et toi tu me dédaignes, c'est là ta faute ; il convient de vous en punir tous !

— Je n'ai qu'un mot à dire...

— Je le sais, non que je me rende sans combattre ; qui sait même si parmi nos gens certains ne se rangeront pas de mon côté ; mais je mets les choses au pis : que tu l'emportes et que je meure, tu ne seras pas moins perdu, traqué, et tu mourras sur l'échafaud. Renal, tu as trop d'esprit, trop de sens sur tout, pour préparer une telle destinée, pourvu que tu la devances en m'immolant à une autre, moins agréable à ta haine, mais qui, en définitive, te laissera jouir en paix de ces avantages que depuis tant d'années tu travailles à acquérir.

— Et tu es capable de faire tout ce que tu dis ?

— J'ai fait ce qui vaut mieux; maintenant choisis.

— Ma fille te déteste.

— Tant pis pour moi.

— Te rendra-t-elle heureux?

— Que t'importe?

— En te la donnant, j'attacherai un corps vivant à un cadavre, la vertu au vice!

— La métaphore est belle, mais connue; cherchez quelque chose de plus neuf pour me blesser.

Renal, malgré son courroux, ne put retenir un sourire.

— Oh! Gabriel, ton impudence est rare; tu n'as pas ton pareil.

— Aussi, n'as-tu rien de mieux à faire qu'à me prendre pour gendre.

— Je n'y consentirai jamais.

— Tu veux ta perte, la mienne, celle de ta fille, de ton fils!

— Mon fils, un misérable!

— Un pauvre sujet sans énergie, âme de

cire que l'on pétrit à volonté : il n'a rien de toi, on l'a changé en nourrice.

— Oh non ! pas lui.

— Que dis-tu?

— Rien.

— Tu m'as montré une route nouvelle, un mot a suffi...... Eh bien ! si Lucie n'est pas ta fille, que t'importe ; à qui l'as-tu volée ? En vérité, tu es un digne larron ; quoi ! même les enfans !

— Je ne sais ce qu'il te plaît de conjecturer.

— Adieu, Renal, au revoir.

— Traître, penses-tu que je te laisse sortir vivant de ces murailles?

— Ce serait par trop sot à toi ; mais je te le répète, je ne me laisserai pas égorger sans combat. La vengeance me sera douce, tu perdras ta fortune, ta réputation, tes enfans. Adieu, Renal ; sois heureux encore deux fois vingt-quatre heures.

Gabriel, à ces mots, salua son compagnon avec ironie et lui tourna le dos. Renal, choisissant ce moment, sortit de la poche de sa veste un pistolet, l'arma et fit feu en dirigeant le canon sur Gabriel ; l'amorce seule partit et non la charge. Gabriel, entendant le bruit de la détente, se retourna vivement.

— Scélérat ! tu m'as manqué ; voyons si je serai plus heureux.

Et lui-même saisit un second pistolet qu'il tenait caché dans son sein ; mais, aussi prompt que lui, Renal en montra un autre, et la double décharge eut lieu..... Lorsque la fumée se dissipa, ils étaient debout l'un et l'autre.

— Le diable ne veut pas encore nos âmes, dit Gabriel en riant.

— Eugène Rouland, repartit Renal avec une expression sombre, je t'accorde Lucie.

— Voilà qui est parler ; il est cent fois préférable de vivre en bons amis que de se dévorer. Sais-tu, Renal, que nous sommes pleinement quittes. Tantôt, dans la chambre voisine, sans Reverchon, à qui tu dois la vie, je t'envoyais une balle droit au cœur ; ce n'était pas de franc jeu, j'en conviens, eh bien !

tu vaux autant que moi, car tu viens tout à l'heure d'essayer aussi de me surprendre; le vrai duel s'en est suivi, tout est dit, embrassons-nous, et meure le coquin dont l'âme garderait à l'autre de la rancune!

— Comme tout s'engaîne, dit Renal : tantôt nous voulions nous assassiner, et maintenant je vais être ton beau-père! Tu as tort, Gabriel, de persister dans ton idée; Lucie ne t'aimera pas, tu la rendras malheureuse et tu le seras aussi.

— Je me consolerai, repartit Gabriel, en pensant au dépit que ce mariage te causera peut-être, et au chagrin très positif qu'en ressentira ce beau seigneur, cet amant préféré que je ne peux souffrir, parce qu'il se frôle en honnête homme. Je ne sais quelle est, au fond de ton cœur, l'idée dominante qui y règne, il y a dans le mien une haine invétérée pour tous ceux qui suivent une autre route, pour ces êtres privilégiés qu'on estime, qu'on aime sur cette terre, et qui conservent l'espérance d'un meilleur avenir.

— Tu es un sot ! Tu crois donc quelque chose des fables qu'on nous a contées au berceau ? répondit Renal dont la physionomie exprima la surprise.

— Je voudrais douter, je voudrais me maintenir tranquille sur les mystères de l'avenir, répliqua l'interpellé en donnant à sa figure une expression extraordinaire ; mais il y a, pour mon malheur, et à mon désespoir sans borne, une voix terrible, impérieuse en moi qui me confond par ses raisonnemens lumineux. Non, Renal, nous ne sommes point formés uniquement de poussière, une autre portion de nous a une origine plus relevée. Les passions malfaisantes viennent du cœur : c'est le côté terrestre de notre existence, et l'âme nous fournit les nobles inspirations, parce que celle-là provient du ciel.

— Allons, Gabriel, ne t'amuse pas à faire de la théologie : elle nous désespérerait.

— Elle me poursuit et me déchire ; je m'abhorre, et je déteste encore plus ceux qui valent mieux que nous.

— Fais-toi ermite.

— Ce n'est pas ma vocation : la nôtre est le crime ! accomplissons-la.

A ces mots étranges, Gabriel se mit à se promener avec une nouvelle vivacité. Renal, pensif à son tour, demeura long-temps sans parler; puis, se plaçant devant lui en croisant les bras :

— Mon ami, veux-tu accepter une proposition qui nous mettra tous d'accord? Je te cède le commandement suprême de notre compagnie, d'où je me retirerai pour ne plus te donner d'ombrage. Mais renonce à ta dernière fantaisie. Que t'importe une femme de plus dans le nombre de celles que tu as vaincues? Laisse Lucie en repos. Sais-tu que dans cette âme dont tu assures l'existence, un pressentiment me dit que ce mariage nous sera funeste?

— Il s'accomplira de par Lucifer ! riposta Gabriel en colère. Tu voudrais me ravir cette riche proie et la réserver pour ton cher Jules? elle ne sera pas pour lui : j'en ai besoin; ce sera le paratonnerre que je placerai utilement entre la justice et moi.

—En effet, la fille d'un voleur de grand chemin aura une grande influence sur l'équité d'une cour royale !

—La fille d'un bandit, non; mais t'imagines-tu que celle d'un duc et pair sera sans influence ?

Renal frappa des mains et poussa un cri aigu qu'il aurait voulu retenir au prix de la moitié de sa fortune. Gabriel alors le regarda avec des yeux où se peignaient le triomphe et une joie maligne ; puis, poursuivant :

—Eh bien ! te voilà stupéfait ! Que te semble de ma science magique ? Aurais-tu cru que je me serais opiniâtré à devenir ton gendre ? Parbleu ! Renal, la belle alliance ! Mais il y a vingt ans que ton secret m'appartient, vingt ans que je couve cette belle alliance ! Mon ami, tu te rappelles peut-être la fable de La Fontaine :

>Bertrand et Raton, l'un singe et l'autre chat,
>Commençaux d'un logis, avaient un commun maître,
>D'animaux malfaisans, c'était un très bon plat...

La suite, je la supprime : les marrons, c'est Lucie; le chat, c'est toi; je suis Bertrand.... Que veux-tu? cela te contrarie! ainsi va le monde.

—Et ta surprise de tout à l'heure, lorsque, par une imprudence folle, j'ai laissé échapper un mot qui aurait suffi à t'éclairer !...

—Etait jouée; je me divertissais à pelotter avec toi. Tu avais une sœur, Renal; elle me traitait avec bonté.

—Fat!

— Que veux-tu, enseigne à un beau garçon à ne pas l'être; j'ai plus d'esprit que cent de mes semblables. Eh bien, ces extravagances de bellâtre que je n'ai pu vaincre, m'ont toujours fait faire des sottises dont les conséquences m'ont perdu. Ta sœur m'a livré ton secret; j'ai su comment ta femme, nourrice de la fille du duc de Mérange, imagina de substituer la tienne à celle-là, par l'entraînement d'un coupable remords maternel; depuis, ta femme est morte, ta véritable fille aussi, et celle à qui vous avez ravi son rang existe malheureuse et flétrie par la nécessité où elle est de porter votre illustre nom.

Gabriel ici fit entendre un éclat de rire tel que les démons en poussent lors des saturnales du Pandemonium ; il se frottait les mains, trépignait en signe de joie, et son allégresse augmentait de la taciturnité de son rival ; celui-ci, immobile, anéanti par la vivacité de ses réflexions, ne savait encore ce qu'il devait dire et faire. La haine réciproque existant entre Gabriel et lui, ne manquait pas de lui inspirer des désirs de résistance. La victoire serait à lui s'il s'appuyait du duc de Mérange. Mais comment arriver à ce seigneur assez tôt pour déjouer les précautions prises par la prudence méchante de Gabriel ? Le temps manquait, Renal le voyait, et il naissait de cette conviction une nouvelle torture pour son âme ; mais il fallait prendre un parti, le meilleur était de se soumettre à la combinaison déterminée par une adresse infernale ; Renal le comprit et se résigna. Gabriel, à qui il renouvela sa promesse de contraindre Lucie à ce hideux mariage, lui dit :

— Dès que Lottier nous aura donné la bénédiction nuptiale, et dès que tu m'auras permis de causer tête-à-tête avec ma femme pendant une heure seulement, je ferai partir Reverchon pour Toulouse, et j'arrêterai à propos la dénonciation qui te perdrait sans retour. Presse-toi, car les heures volent, et on ne sait ce qui résulterait d'un retard dangereux.

Renal répondit affirmativement à chaque demande de son complice, et celui-ci, victorieux, le conduisit jusqu'à la porte de la chambre de l'infortunée Lucie. Renal y entra tout sombre, tout mélancolique ; la longue habitude du crime l'avait sans doute endurci contre les supplications et les larmes ; il était très capable d'immoler à son intérêt les douces affections de la nature, et pourtant, bien que d'ailleurs Lucie ne fût pas sa fille, l'habitude de la voir, celle d'en être aimé si tendrement, la beauté remarquable de cette jeune fille, sa position légitime d'où l'avait fait tomber une affreuse combinaison, la connaissance approfondie du scélérat à qui on la livrait, et l'exécration que lui vouait le chef des voleurs, l'arrière-pensée qu'un jour peut-être Lucie aurait pu épouser Jules, tout enfin se réunissait pour décider cette péripétie à laquelle Lucie ne s'attendait pas. Quoi! son père, ce protecteur naturel en qui elle fondait son espoir unique, son père, au lieu de la protéger contre un scélérat chargé de crimes et de vices, la lui abandonnerait sans résistance et sans pitié! Cette situation brisait le cœur dur de Renal; et, lorsqu'il parut devant sa fille, celle-ci ne put s'empêcher d'apercevoir à quels rudes combats intérieurs il était livré.

Le coup d'œil qu'il jeta sur Lucie ne lui prêta pas le courage cruel dont il aurait eu tant besoin; il la vit assise sur un fauteuil, pâle, presque inanimée, affaissée sous le poids des vives secousses de la nuit et de l'inquiétude résultant de l'effroi où la maintenait la longue absence de son père. Elle le savait en conversation avec Gabriel, ce devait être à son propre sujet, et le résultat de cette conférence qu'elle ignorait lui inspirait une inquiétude qu'aucun raisonnement ne pouvait vaincre.

L'immensité des appartemens du château de Terclens, la violence avec laquelle le vent d'autan s'était mis à souffler, n'avaient laissé parvenir qu'imparfaitement aux oreilles de Lucie la double décharge des coups de pistolets échangés par Renal et Gabriel; ne pouvant croire possible un duel aussi prompt entre ces personnages, et sachant le lieu habité par une multitude de bandits, elle avait présumé qu'on avait tiré en l'air, dans la cour ou en dehors des murailles, ces coups, dont en toute autre occasion elle se serait beaucoup plus tourmentée; aussi leur détonation ne la détourna pas de sa rêverie et ne lui inspira pas le désir d'aller s'informer de ce qui se passait réellement.

Renal, je dois ajouter, revenait d'une course lucrative sur les frontières d'Espagne; il amenait avec lui l'élite de sa troupe et venait dans l'intention de cacher au sein des vastes caves de son château le butin conquis vers les Pyrénées. Une issue souterraine existait, allant d'une caverne située au plus creux du vallon voisin, presque dans l'intérieur du château; par là, on entrait et sortait à volonté de Terclens. La connaissance de ce passage, si commode aux allures d'un homme de sa profession, détermina Renal à faire l'acquisition de ce manoir antique; il en faisait le magasin général, le dépôt des objets volés et de ceux introduits en fraude par une contrebande active, Renal n'ayant pas qu'une seule corde à son arc.

De cette destination imposée au château, naissait la répugnance qu'avait cet homme à y laisser venir ses enfans; il ne pouvait s'imaginer que jamais ils oseraient s'y établir malgré sa volonté et sans avoir obtenu son consentement; et certes, cette fois, lorsqu'il s'y introduisit par la voie inconnue aux fermiers, il était loin de s'attendre à y rencontrer Jules et Lucie en aussi nombreuse compagnie;

mais encore plus, la présence de Gabriel acheva de le déconcerter. Cependant, trop accoutumé à lutter avec les obstacles suscités par une fortune capricieuse, il ne se laissa pas anéantir; il agit ainsi qu'on l'a vu, et se prépara aux conséquences qui résulteraient de cette double violation de volontés que jusqu'alors ses subordonnés regardaient comme sacrées et auxquelles ils obéissaient aveuglément et spontanément.

IX.

Le Père et la Fille.

> Honneur à l'enfant dont le cœur obéit, même lorsque la soumission déchire son cœur.
> *Morale des Orientaux.*

Lorsque M. Renal se présenta devant Lucie avec cette physionomie incertaine et troublée que j'ai essayé de décrire au chapitre précédent, la jeune fille, déjà épouvantée de tout ce qu'elle conjecturait de fâcheux et de sinistre, devina par instinct une portion de la vérité; alors cédant à l'impulsion machinale de son âme agitée et entraînée par la vivacité de son cœur, elle se souleva de son siége, fit en avant deux pas; et, vaincue par sa faiblesse physique, et trop agitée par ses sensations morales, elle chancela et fut sur le point de tomber de toute sa hauteur sur le parquet. M. Renal vint à elle avec non moins d'empressement, la reçut dans ses bras lorsqu'elle tombait, et non sans peine la porta vers la chaise longue où il la posa à demi, et y prenant place à son côté, retint dans ses mains la main droite de Lucie qu'il trouva glacée de froid et humide d'une sueur spasmodique.

— Tu souffres donc beaucoup, ma chère enfant?... ah! oui beaucoup, tout me l'annonce... Faut-il s'en étonner! tu as soutenu une si cruelle lutte, on t'a poursuivie avec tant de vivacité cruelle et tant de constance non moins funeste; à ta place, de plus fermes cœurs auraient été abattus!

— Heureusement que mon bon ange vous a chargé de me défendre, je suis désormais paisible et heureuse ; et, auprès de vous, je ne redouterai plus mes persécuteurs.

Un soupir profond, long, solennel, servit de réponse à l'interpellé ; ses yeux en même temps se détournèrent de ceux de la jeune fille dont ils ne purent soutenir la fâcheuse anxiété. Ce n'était pas de l'espoir que promettait ce jeu rapide de physionomie ; Lucie le comprit, et d'autres alarmes s'emparèrent de son âme et de son imagination.

— Mon père ! dit-elle, mon père ! votre aspect avait paralysé l'audace de mon persécuteur ; vous m'êtes apparu comme son vainqueur, comme son maître ! Me serais-je trompée ? l'odieux Gabriel triompherait-il dans votre propre château ?

— Le destin auquel les choses humaines sont soumises, répondit douloureusement Renal, a sur nous une puissance invincible, à laquelle rien ne résiste ; elle se joue de nos projets, de nos aversions, de nos antipathies, et chaque jour confond, relève, détruit ce que nous avions édifié avec tant d'efforts, ou démoli, dans le vif désir que jamais ses parties disjointes ne se renoueraient à notre désavantage ou au détriment de notre volonté.

—Sommes-nous donc si près d'une ruine inattendue? et était-ce cette funeste nouvelle que vous m'apportiez lorsque je vous croyais accompagné de la victoire et du commandement?

— Oui, sans doute, fut-il riposté d'un ton pensif, je suis chef absolu! Gabriel n'est qu'un des membres de notre forte association, et il se garderait bien de me combattre à force ouverte; mais le misérable lutte avec adresse; il emploie à ma perte des armes dont je ne peux parer les coups. Son astuce est supérieure à sa vigueur; et, lorsque je le croyais abattu, je me suis senti tout à coup lié par ses ruses infernales; oui, lié! Bien que tu me voies libre en apparence, il me tient aux fers et il emploie des chaînes qui sont si vigoureuses, que ma volonté n'oserait pas chercher à les briser.

—Je suis donc perdue! se prit à dire la

jeune fille dont les yeux se remplirent de larmes comme la bouche de sanglots, perdue et sans ressource, puisque mon père m'abandonne aux intrigues de ce méchant!

— Ton père, malgré son amour pour toi, ne peut que le possible, et rien au-delà, repartit Renal avec une expression d'une patience mécontente; ne l'accuse pas des torts de la fortune ou de la Providence : c'est le même pouvoir sous deux noms divers. Que puis-je faire là où elle me frappe? Murmurer! c'est mon droit; me tourmenter! c'est l'injonction de la nécessité.

—Et vous, que j'invoquais à mon aide, vous, ma ressource unique, ne serez venu que pour passer du côté de Gabriel !

—Du côté du diable! en sa propre personne, s'écria le vieux voleur avec dépit et colère ; oui, du diable, car Gabriel est l'incarnation de Satan sur la terre; le monstre a su si bien m'enlacer, m'éblouir, que je lui suis acquis non moins que le plus mince gars de Toulouse. Moi qui le déteste, il me domine ; moi qui le voudrais voir brûler en vrai feu d'enfer, je le conduirai par la main dans le lit de ma fille !

Un cri de désespoir, un cri déchirant échappa à Lucie ; Renal tressaillit, se leva et courut s'asseoir précipitamment dans un fauteuil à l'autre extrémité de la chambre, en un lieu où la lumière du jour arrivait à peine, et où, non content de ne la recevoir qu'imparfaitement, il mit les mains devant ses yeux, comme indigne de contempler l'éclat du soleil.

Lucie se mit à verser des larmes abondantes, accompagnées de sanglots et de soupirs ; elle n'appartenait pas à ce monde ; son désespoir la transportant dans un tout inconnu où elle n'apercevait que de sinistres nuages, et où son persécuteur semblait régner au milieu des réprouvés. Cependant, ne pouvant admettre la réalité du malheur annoncé par son père, elle tendit les bras vers celui-ci, et, d'une voix accentuée par les impressions du désespoir :

— Non, non, dit-elle, non, je ne croirai jamais que mon père m'abandonne au plus vil des hommes; quelle que soit d'ailleurs sa propre position, je n'admettrai pas qu'il vende son sang au crime, à un brigand, à un voleur de grand chemin !...

— Lucie, s'écria Renal en se levant avec vivacité, tandis que son œil étincelait de colère, sais-tu de qui tu parles, à qui tu parles? sais-tu...

— Que je suis dévouée à la honte, à la flétrissure et à la mort! répondit la jeune fille sourdement. Oui, j'oubliais de qui je suis née, quelle est ma famille, ce que vous êtes enfin !

— Si vous vous en rappelez, lui fut-il répondu d'une voix étouffée, convient-il d'accabler votre père de ce mépris fastueux qui retombe sur lui? Les fautes de Gabriel lui sont communes, et Gabriel est le seul gendre digne de s'associer à sa position..... J'ai failli, je l'avoue, mais dans votre seul intérêt : la misère m'a fait horreur pour vous deux, et, afin de vous y dérober, j'ai cheminé dans une fatale route; maintenant que je m'y suis engagé, ne me la reprochez pas, qu'un mystère profond enveloppe l'erreur de toute ma vie, que je meure sans éclat, sans exécution de la main du bourreau.

A ces sinistres paroles, un autre cri, plus lugubre et plus déchirant que le premier, fut poussé par Lucie, et Renal, couvrant de nouveau son visage entre ses mains, se remit à marcher à pas précipités. Il semble à l'homme que par la vivacité de sa course il échappera mieux aux reproches de sa conscience, comme si le remords manque de vélocité, comme s'il n'est pas infatigable !

— Vous parlez de misère, repartit Lucie ; eh bien ! si Gabriel la craint autant que vous, offrez-lui ma fortune, celle qui me revient de ma mère, celle que je devais espérer de vous, je mendierai mon pain avec courage, j'y trouverai du bonheur, puisque ce misérable ne sera pas mon époux.

— Mais, Lucie, tu ignores la grandeur du sacrifice que tu proposes ; tu crois n'avoir que les cent mille francs dont je t'ai parlé lorsqu'il s'est agi de ton mariage avec l'avocat Marnaud (ici un soupir de Lucie vint frapper le cœur de Renal, et, pour un instant, fit expirer la parole sur ses lèvres; mais, rougissant de sa faiblesse, il continua); détrompe-toi, chère créature, ta mère avait, outre son bien particulier, des parens très à leur aise dont, avant sa mort, elle a recueilli les successions; ta part se monte, de ce côté, à près de trois cent mille livres, toute hypothéquée sur cette terre où nous sommes, et que tu peux regarder comme ta propriété; l'héritage que tu peux attendre de moi dépassera ce chiffre, et tu abandonnerais tant de biens à Gabriel!

— Ceux-là et mille fois davantage, si je les possédais, répondit Lucie impétueusement; et que m'importent des biens périssables, des biens dont l'origine me sera toujours en horreur?

— Vous parlez à votre père! s'écria Renal avec emportement; eh bien! renoncez à ce qui m'a coûté tant de travail, tant de péril, à ce que j'ai arrosé de tant de sang ; mais, en même temps, sachez ce que tout cela vous coûtera : la vie de votre père et le déshonneur éternel de Jules, dont la conduite imprudente sera dévoilée à tous. Gabriel a manœuvré de manière à nous enlacer tous dans ses filets, si aujourd'hui je lui refuse votre main, ou si vous-même, ce qui est la même chose, vous ne consentez pas à l'épouser ainsi qu'il le veut ; une dénonciation malicieuse, lancée par lui, nous livre au procureur général ; les conséquences d'un acte pareil seront mon arrestation, mon jugement, ma condamnation et le supplice au bout.

Lucie se leva égarée, frémissante, en plein délire ; elle alla vers son père ; et, pouvant à peine s'exprimer :

— Appelez cet homme, qu'il vienne sans retard, je lui livre sa victime ; mais qu'il se hâte, demain peut-être il ne serait plus temps : j'ignore si jusque-là, je pourrai prolonger la longueur de mon supplice.

— Mon enfant, dit Renal en lui donnant

sur le front un baiser qui fut reçu avec un dégoût que le respect chercha à maîtriser, prends du courage, Gabriel a de nombreuses qualités; s'il t'aime, tu le ramèneras à la vertu; je sais que maintenant tu seras malheureuse, tu as promis ton cœur, j'avais moi-même approuvé cette union..... Comment aurait-elle tourné si, par une fatalité possible, j'avais été surpris par ceux qui me recherchent avec tant de soin?

— Mon père, repartit Lucie, je vous demande à votre tour immolation pour holocauste; je me livre à votre sécurité; jurez-moi que, satisfait du bien que vous avez amassé par des voies si coupables...

— Ma fille !...

— Je dis vrai; vous ne continuerez pas cette existence maudite. Hélas! voyez ce qu'elle vous coûte : la perte de votre fils et ma mort.

— Mon intention, dit Renal, est de réaliser les divers domaines que je possède en France, de vendre ce qui est caché dans plusieurs magasins, et, ce soin terminé, d'abandonner la France, de me retirer en Italie ou en Sicile. Là, on est tranquille; et puis, que sait-on, en cas de besoin, c'est un pays admirablement coupé pour continuer la petite guerre.

— Ah! mon père, répondit Lucie en soupirant, je croyais avoir ramené votre cœur à de meilleures pensées.

— Que veux-tu de plus, je fais argent comptant de tout et je me retire en terre neutre.

Sur ces entrefaites, la porte de la chambre fut ouverte vivement, Gabriel parut suivi d'Olivia; celle-ci, dès qu'elle eut aperçu le père et la fille, allant à Lucie :

— Eh bien! mon ange, vous voilà donc raisonnable : vous acceptez ce beau garçon; c'est à merveille, on ne rencontre pas deux fois son pareil. Homme d'or et de ressource, il vous fera vivre dans l'abondance, il vaut mille fois la valeur de votre mélancolique avocat (puis, se tournant vers Renal); eh! père, ma présence vous étonne; vous me croyiez bien engloutie dans votre cave épouvantable ; mais Jules a tant prié d'une part, et Gabriel a tant commandé de l'autre, qu'on m'a remise en liberté. A vous maintenant l'amnistie en faveur du mariage.

— Oui, répondit Renal, à condition que vous ne coucherez pas à Terclens.

— Soit, pourvu que j'emmène avec moi le cher Jules; que ferait-il sans moi? c'est un enfant élevé par mes soins; il me fera honneur.

— Je ne sais qui me retient de t'étrangler, abominable furie, s'écria le capitaine joyeux de trouver sur qui abattre sa mauvaise humeur.

— Là, là, monsieur Maltaire ! un peu moins de fougue impétueuse..... En vérité, Eugène, Gabriel, Gimont, Rouland, poursuivit-elle en appuyant avec malice sur ces quatre mots amalgamés ensemble, je me figurais monsieur votre beau-père homme de meilleure compagnie. Est-on ainsi brutal envers les dames, lorsque surtout ces dames savent une portion de votre secret?

— Gabriel, repartit Renal, ne mettrez-vous pas ordre à l'intempérance de langue de cette créature?

— Monsieur, en venant chez vous, j'ai moi aussi pris mes précautions, je vous avertis... Mais oublions ces querelles : un tendre hymen ne va-t-il pas nous réunir?...

Gabriel, en se mettant à rire, coupa la parole à l'Italienne effrontée, et dit à Renal confondu :

— Ton fils l'aime, et Olivia chérit ton fils autant qu'elle est capable de s'attacher à un être humain; elle nous sert depuis dix ans avec autant de zèle que de succès; d'ailleurs, son origine royale...

— Oui, Renal, reprit l'effrontée, je suis du sang des rois; et, avec autant de droit qu'Agrippine, je peux répéter :

Moi, fille, femme, sœur et mère de vos maîtres.

Renal leva les épaules.

— Sotte contadine toscane, as-tu le front de répéter devant moi ta fable ridicule ! Hors d'ici ! une fois, deux fois, si tu me fais répéter la troisième, ce sera à l'aide d'un nerf de bœuf que je punirai tes loquaces impertinences!

— Olivia, dit Gabriel, dont l'expérience reconnut que le courroux du chef commençait à se rallumer, cesse un badinage dont ne s'accommode pas ton futur beau-père; une noce aujourd'hui paraît suffisante à sa prudence, la tienne viendra plus tard. Le soleil, continua Gabriel en s'approchant de la fenêtre, est déjà bien haut dans son cours, nous devons avoir conclu lorsqu'il se couchera. Où veux-tu que se fasse la cérémonie religieuse, ou plutôt que l'on achève celle que tu as tantôt si mal à propos interrompue?

— Dans la salle à manger, fut-il répondu; elle est vaste, les fenêtres donnent sur la campagne, nul ne peut nous y voir du reste du château; et, comme je veux que les paysans, s'ils me rencontrent, ne trouvent pas nos camarades, nous serons ici mieux qu'ailleurs.

— Avons-nous même besoin de leur compagnie? dit Gabriel; Lottier, son acolyte, Reverchon, puis Edouard ton lieutenant, Jules, Olivia, toi, capitaine, ma belle future et ton serviteur très humble sont plus que suffisans pour valider un hymen tout de conscience, que nous régulariserons en pays étranger.

Lucie, déterminée à ne pas sortir en vie des murs de Terclens et surtout à mourir pure des embrassemens odieux de Gabriel, ne fit aucune observation, se montra si complétement résignée, qu'on aurait pu former des soupçons et craindre de sa part une résolution quelconque tenue en secret; mais Gabriel, aveuglé comme ceux à qui tout réussit, se flattant d'avoir enchaîné la fortune inconstante, fut le premier à se féliciter de la victoire; il sortit pour aller chercher le prêtre sacrilége, son clerc, aussi détestable garnement que lui, et les autres témoins nécessaires à cette ombre de cérémonie.

Renal, honteux du rôle qu'il jouait et craignant les reproches de sa fille, suivit Gabriel. Presque aussitôt qu'il fut sorti Olivia reparut alors, et venant à Lucie qui demeurait profondément ensevelie, non plus dans ses méditations, mais dans le morne désespoir qui enlève à l'âme toute son énergie :

— Ma chère enfant, dit-elle, vous vous croyez morte par cela seul que vous n'épouserez pas celui que vous aimez. Ah! si vous aviez mon expérience, combien peu vous vous tourmenteriez de cette position! Votre mari, aimé ou non, ne sera plus au bout de six mois, qu'un homme brouillon, grogneux, insupportable. Usez celui-ci, qui sait ce qu'il deviendra? un autre jour luira où vous redeviendrez votre maîtresse, alors vous pourrez former de nouveaux nœuds.... Ce n'est pas que si nous avions le loisir je ne pusse, car votre douleur m'intéresse, je ne pusse, dis-je, prévenir M. Marnaud de votre situation; c'est un jeune homme ardent sous l'apparence de la sagesse, et certes, s'il vous savait malheureuse vous le verriez accourir. Donnez-lui-en la facilité, résistez à votre père, à Gabriel, prenez du temps, je réponds du reste.

— Me permettrez-vous, madame, répondit Lucie, de vous demander si vous n'êtes pas la même personne qui naguère complotiez avec cet homme pour me faire tomber plus tôt dans l'esclavage où l'on va me traîner ?

—Oui, ma reine, c'était moi.... moi en propre personne; hier je disais blanc, je souffle noir aujourd'hui, c'est vrai; tel va le monde et ceux qui l'habitent. Naguère mon intérêt me rendait votre ennemie, et maintenant il veut que je me range de votre bord. Ne vous étonnez pas de ces disparates, et profitez-en. Gabriel se joue de moi, il m'avait promis de me faire épouser par votre frère, et il ne s'en occupe plus; à mon tour de lui faire du mal; je peux le chagriner, j'y aiderai pour peu qu'il vous plaise de me seconder, et de ne pas vous abandonner à la malice de vos ennemis.

— Je ne peux, dit tristement Lucie, reculer le moment fatal que je vois venir avec horreur, Gabriel a trop bien pris ses mesures;

je deviendrais parricide si je me refusais à l'ecouter.

—Parricide! répéta l'Italienne, c'est bien fort; et comment, s'il vous plaît, en n'épousant pas Gabriel, seriez-vous coupable de la mort de votre père?

Lucie alors, prenant la parole, lui raconta par quelle trame Gabriel s'était rendu le maître de la destinée de Renal. Olivia écouta la révélation avec une attention extrême; et, le récit terminé:

— Je gage, dit-elle, que dans tout cela il n'y a rien de vrai, que c'est une nouvelle friponnerie de ce maître fourbe. Qui lui aurait suggéré une pareille précaution? contre qui l'aurait-il prise? votre père était au bout du monde, Jules n'agissait que d'après son ami, vous n'étiez pas à craindre.... Tenez pour certain qu'il a menti à Renal comme à vous, comme à moi, comme à tout l'univers. Allons, mademoiselle, ayez du courage, luttez, ne cédez pas.

— Je voudrais suivre votre conseil, murmura doucement la jeune fille, mais la responsabilité qui pèserait sur moi m'épouvante. J'ai fait à mon père le sacrifice de mon amour, que mon amant me pardonne, il me trouvera plus digne de lui que si je me fusse prononcée pour ma folle passion.

— Oh! la vertu, la vertu, les grands sentimens, l'héroïsme, s'écria l'Italienne en frappant du poing sur une table, nous conduisent toujours à faire des sottises à notre désavantage. Par faute d'énergie vous vous rendrez malheureuse jusqu'à votre mort, et vous êtes si loin de la tombe que ce sera pitié !

— Pas si loin qu'on pense, se mit à dire Lucie en sanglotant; je ne vivrai pas selon le cours des choses naturelles ; le poison moral qui me dévore corrode déjà mon cœur. Eh! comment existerais-je, maintenant que je connais ma famille, lorsque je me vois entourée d'êtres vils et dégradés, mon père se faisant gloire de sa honte ! C'est à l'entendre la lutte légitime du faible contre le fort, la résistance de l'offensé envers l'oppresseur; sophismes vains dont je ne saurais être trompée : ce qui est mal l'est toujours ; mon amant serait flétri par les crimes de ma famille, je le déshonorerais ; il vaut mieux mille fois mourir, de manière à ce qu'il ignore mon sort.

— Soit, reprit Olivia dépitée, soit, puisque vous vous opiniâtrez à venir à l'aide d'un misérable ! Quant à moi, je vous aurais cru plus d'esprit et de fermeté. Je vous quitte, ma mission est remplie ; je me retire ; ne m'accusez plus des larmes que vous verserez.

L'Italienne, en achevant ces derniers mots, se leva avec solennité ; elle fit deux ou trois pas dans la chambre ; puis, revenant en face de Lucie :

— Etes-vous bien certaine que vous ne vous repentirez pas de votre refus à accepter mon secours ?

— Oui, je le suis, madame, car j'ai, je vous le répète, l'assurance de mourir presque aussitôt ce détestable mot prononcé.

— Pauvre enfant ! se dit Olivia, comme si elle eût eu besoin de se parler à elle-même, il y a toujours de la folie dans ces charmantes têtes où l'amour s'allie avec la vertu.

Un bruit léger se fit entendre. Olivia prêta l'oreille.

— Quoi ! déjà, dit-elle, mons Gabriel, vous avez hâte de saisir cette charmante proie. Mais où donc est-il cet autre Olibrius qui faisait hier ici tant de tapage, qui voulait vous sauver, malgré vous, si le sauvetage ne vous eût point convenu? Celui-là, autre imbécile, parce qu'il est honnête, a cru les méchans sur leur parole; et, parce qu'ils sont sortis du cercueil devant lui par la porte, il ne s'est pas imaginé qu'ils y rentreraient par la fenêtre.... Mademoiselle, vous n'avez pas un instant à perdre; Gabriel, qui, je ne sais pourquoi, tient à sa momerie religieuse, fait dresser une autre fois l'autel dans la salle à manger. Mon Dieu ! que les hommes de génie sont stupides !

Lucie continuait à garder le silence. Un désespoir morne couvrait sa figure, son regard fixe permettait de croire qu'en effet elle allait en finir avec la vie ; et l'Italienne, malgré l'endurcissement de son âme, ne pouvait s'empêcher de la regarder avec pitié.

Il y a dans la beauté que la vertu accompagne, un pouvoir irrésistible auquel le vice lui-même cède, et qui ne lui inspire qu'une jalousie imparfaite. L'envie ne s'attache ordinairement qu'aux choses qui se rapprochent de nous et non à celles qui s'en éloignent.

Jules entra, précédant son père; Jules, non moins abattu que sa sœur, dont le chagrin profond frappait son âme, s'arrêta au milieu de la chambre, se contentant de regarder Olivia et de lui exprimer par un geste expressif combien il se félicitait de la revoir là; il aurait voulu d'elle une manifestation réciproque de contentement, mais elle, trop préoccupée de ce qui allait se passer, ne sut répondre à son amant qu'en lui adressant un sourire mélancolique.

— Lucie, dit Renal se faisant à peine entendre, tu as consenti à sauver ton père !

viens consommer le sacrifice, Dieu te récompensera dans le ciel !

— Et il m'abandonne sur la terre! s'écria la jeune fille en se levant. Et ces mots furent prononcés avec une énergie si âpre, si éclatante à la fois que Gabriel, qui était dans la chambre voisine, craignant que Renal ne trouvât de la force dans le désespoir de Lucie, accourut rapidement pour défendre ce qu'il osait appeler son bien.

— Oui, poursuivit Lucie, il m'abandonne; et en effet, que nous doit-il lorsque mon père, mon frère, ces protecteurs qu'il m'avait donnés dans ce monde, se reculant de moi, me livrent à mon ennemi?

— Ah! mademoiselle, dit Gabriel d'un ton de reproche, vous êtes injuste, je suis votre amant passionné.

— Vous! Eh bien ! avant que je me livre à ce que vous appelez votre amour, sachez que je vous hais, que je vous méprise, que je n'ignore aucun de vos vices, de vos crimes, que je sais tout: voleur, faussaire, incendiaire, assassin, vous avez rempli votre carrière de sang, vous avez perverti mon frère, il vous tarde de souiller la sœur : la voici. Consomme ta détestable envie. Mais, misérable ! combien vous serez digne de mon horreur, puisqu'après l'aveu que je viens de faire vous ne rougissez pas de poursuivre votre infâme chemin !

Ces paroles foudroyantes furent prononcées avec une telle véhémence, d'un ton si indigne, et chacune exprimait si bien le dédain de la jeune fille que tous ceux présens en frémirent, que Gabriel lui-même, malgré son audace et sa haute opinion de lui-même, en baissa la tête, soit pour cacher sa confusion ou sa rage. Une sueur glacée ruisselait de son front; ses dents se choquaient, mais il se taisait, anéanti qu'il était par la voix tonnante de Lucie... Dans ce moment, le silence qui régnait dans la salle fut troublé par un bruit d'armes qui se fit entendre de deux côtés à la fois, soit de l'anti-chambre, soit du cabinet qui s'ouvrait sur le passage mystérieux... Chacun tressaillit.... Gabriel, Renal et Jules jetèrent un regard interrogateur et inquiet vers l'une et vers l'autre porte. Des gendarmes se montrèrent à toutes les deux ; puis, se rangeant de côté, ils livrèrent passage à Laurent Rumin qui précédait un magistrat vêtu de sa robe de cérémonie, et un huissier marchant aussi devant lui, annonça monsieur le procureur du roi de Ville-Franche... Un cri étouffé échappa aux trois coupables, à Olivia craintive comme eux ; mais l'accent de joie qui partit du cœur de Lucie surpassa les autres en étendue. C'était Louis Marnaud, que la justice chargeait en cette circonstance du soin de la représenter.

X.

La Diversion.

> Si les intrigans voulaient mettre à bien faire le soin qu'ils mettent à faire mal, tout leur réussirait.
>
> Le Noble.

Tandis que ces divers événemens dont nous avons offert le tableau fidèle avaient lieu dans l'enceinte du château de Terclens, d'autres non moins rapides occupaient les instans de Louis Marnaud et de son tuteur. Le même soir où les enfans de M. Renal avaient quitté Toulouse, un paquet envoyé du parquet de

M. le procureur général arriva à Louis Marnaud ; il l'ouvrit avec empressement, et il y trouva une ordonnance royale qui le nommait procureur du roi près le tribunal civil de l'arrondissement de Ville-Franche. Cette faveur imprévue, qu'il n'avait aucunement sollicitée, lui parut si extraordinaire que sa première pensée fut de voir là l'effet d'une erreur ; la chose lui parut si plausible que, prenant ces papiers importans, il se rendit chez le premier avocat général dont il était connu ; et, comme il allait lui communiquer sa pensée, son nouveau collègue lui ferma la bouche en lui faisant son compliment.

— Ne se sera-t-on pas trompé ? dit Marnaud.

— Non, certes, lui fut-il répondu ; nous savions au parquet cette nouvelle depuis trois jours ; mais la discrétion nous imposait d'en rien dire ; c'est une nomination du *proprio motu* de son excellence monseigneur le garde des sceaux : on pense même que vous resterez peu de mois à Ville-Franche, et que vous viendrez prendre place parmi nous.

Satisfait de ce renseignement qui corroborait d'une manière positive le fait de la nomination, Marnaud s'empressa de courir chez M. de Gervel, comme étant le premier à qui il devait la communication de cette heureuse fortune. Il arrivait le cœur plein de joie ; il racontait l'aventure, et, à mesure qu'il parlait, il voyait la figure du Parisien devenir sombre, et le mécontentement éclater dans ses yeux. Bientôt même M. Gervel, ne pouvant se maîtriser, l'interrompant au milieu de sa narration :

— Par-là morbleu ! s'écria-t-il, ce sont donc des chèvres mal soignées que ces gens des bureaux de la chancellerie ! Quoi ! vous, exilé à Ville-Franche ! vous, magistrat d'un simple tribunal ! c'est manquer à ce qu'on me doit, à une parole donnée. Mon ami, vous allez renvoyer cette pancarte, et refuser net une pareille nomination.

Louis, étonné de cette mauvaise humeur

en retour d'un si beau présent, laissa M. de Gervel épancher sa colère tant qu'il voulut; puis il représenta doucement que dès qu'il devait suivre la carrière de la magistrature, c'était noblement débuter que d'obtenir d'emblée le grade de procureur du roi; que, partir de là pour monter beaucoup plus haut, serait bien plus facile que si c'était du simple titre d'avocat, surtout après une démission sans motif, donnant trop à connaître le mécompte de l'orgueil blessé. Il s'exprima si bien, en termes si précis, ses motifs furent si sages que le tuteur en l'embrassant lui dit :

— Marnaud, de jour en jour je m'applaudis d'avoir été chargé du soin de votre tutelle : un pupille pareil honore le curateur; je voudrais seulement que l'amour tînt moins de place dans votre cœur, et que l'ambition s'y trouvât logée plus à l'aise; je voudrais enfin que la Providence ne m'eût pas privé d'une fille qui faisait mon bonheur, je vous aurais confié le soin du sien, et je me flatte qu'elle eût fait le vôtre.

Jamais M. de Gervel n'avait parlé de sa famille, c'était la première fois qu'il s'en ouvrait au jeune homme, et il lui apprenait de quelle rude affliction Dieu l'avait frappé. Les yeux du tuteur se remplirent de larmes; Louis, né sensible, sentit les siennes aussi prêtes à couler. M. de Gervel les vit; et, par un mouvement brusque de satisfaction paternelle, il se pencha vers son pupille et l'embrassa par deux fois; puis, reprenant la parole :

— Dieu m'a privé de mes douces satisfactions; il dépend de vous, cher Louis, de remplacer cet enfant chéri, de posséder tous ses droits; mais pour cela, veuillez vous laisser guider par mon expérience.

— Je ne demande pas mieux, monsieur, repartit Marnaud, pourvu que je sois libre sur le point de mon mariage.

— Vous êtes opiniâtre.

— Je connais mademoiselle Renal, j'apprécie le mérite de son caractère, ses vertus surpassent sa beauté.

— Je vous tiens quitte, repartit M. de Gervel avec impatience, de m'outre-vanter cette merveille, elle n'en est pas moins la fille d'un simple marchand forain.

— Eh! que suis-je moi-même?

— Ce que vous êtes? un opiniâtre, qui me désespérez.... Mais changeons de propos, celui-là nous est désagréable. Que comptez-vous faire?

—Partir promptement pour Ville-Franche. J'oubliais de vous dire qu'avec l'ordonnance de nomination se trouve une lettre confidentielle de M. le procureur général; elle m'apprend que des renseignemens font espérer que l'on saisira au pied de la montagne Noire dans un château isolé le chef ou les chefs d'une vaste bande de voleurs dont les ramifications s'étendent dans toute la France et sur les frontières des états circonvoisins. On m'invite à hâter mon entrée au chef-lieu de l'arrondissement, où je recevrai d'autres lumières, au moyen desquelles je ferai une arrestation importante. Mon projet est donc, si vous le trouvez bon, de partir demain au soir pour Ville-Franche.

— Je ne m'y oppose pas, repartit Gervel; demain vous prêterez votre serment à la cour royale, et si vous le trouvez bon, j'irai vous installer dans votre nouveau domicile.

Louis accepta avec reconnaissance cette proposition qui lui était très agréable; il en remercia M. de Gervel, et ce dernier lui dit ensuite :

— J'oubliais de vous prévenir que madame de Valgagnac désire causer avec vous d'un procès dont elle se tourmente outre mesure. Hier, elle et moi étant chez madame la marquise de...., je me vis contraint à lui donner ma parole d'honneur que ce soir vous iriez chez elle. Son intention était de vous donner sa cause à plaider; mais maintenant vous entrez dans une autre carrière. N'importe, la galanterie veut que vous alliez au moins l'entendre et la remercier de sa bonne volonté.

Louis, bien qu'il se fût promis de passer la soirée avec Lucie, tenait trop à contenter son tuteur pour lui refuser le témoignage de son obéissance ; et, prenant congé, il se rendit sur-le-champ chez la vieille plaideuse. Une domestique qu'il rencontra sur l'escalier, et à laquelle il demanda si sa maîtresse était visible, répondit affirmativement, le devança, le pria d'attendre dans l'anti-chambre et, passant chez la dame, poussa la porte soigneusement.

Un peu de temps s'écoula ; enfin la même servante le conduisit dans le salon où l'on arrivait par un corridor obscur et prolongé. Une personne y était seule, mademoiselle Hélène de Nerville ; elle se leva vivement, et se mit à rougir, et balbutia quelques paroles inintelligibles ; et, se tournant à demi, comme pour cacher l'émotion imprimée sur son beau visage, témoigna son regret de l'absence de sa tante.

— Je la croyais chez elle, dit le jeune homme ; et sans cela je ne me serais pas permis de me présenter dans son salon.

— Ma tante va et vient sans prévenir les

gens de la maison, si elle sort, si elle rentre. Je sais qu'elle souhaitait ardemment de vous parler, et son chagrin sera vif si vous partez sans qu'elle vous ait vu.

— J'attendrais volontiers sa rentrée, répondit le nouveau magistrat, si je ne craignais de vous déranger, et peut-être de vous déplaire.

— Vous outrez la modestie, répliqua mademoiselle de Nerville; ce n'est pas vous qui seriez incommodé ni indiscret; vous vous ennuieriez plutôt avec une pauvre fille dont la conversation niaise vous fatiguerait.

Un sourire malin démentait l'abnégation de sa phrase, et certes, qui aurait ressenti de l'ennui auprès de mademoiselle de Nerville, eût mérité le titre de rustre et d'homme sans galanterie. Il y avait un tel charme dans l'accord, résultat de sa jolie figure et de la grâce de son corps souple et flexible, son sourire avait tant d'attrait, et il y avait tant de feu dans son regard qu'il fallait céder et lui rendre les armes. Hélène connaissait son pouvoir, et dans cette circonstance, elle mit tout son art à rehausser l'empire de sa beauté.

Louis se tenait debout et elle aussi; mais il y avait à côté de celle-ci une harpe dont elle jouait parfois; et, le bel instrument se trouvant à sa portée, elle s'y appuya d'une manière si pittoresque, si séduisante, qu'on aurait pu la prendre pour la muse de l'harmonie. Louis la regardait, car elle était muette, lui aussi se taisait, il en avait de l'embarras; elle, également mal à son aise, blessée de ce silence, n'osant le rompre, se mit à pincer les cordes de l'instrument harmonieux.

— Vous jouez de la harpe? dit le jeune homme satisfait de trouver un mot pour ouvrir la conversation.

— Oui, répondit-elle, c'est mon seul délassement.

— Je serais heureux de vous entendre, surtout si, accompagnant votre voix, la harpe me devenait doublement agréable.

Mademoiselle de Nerville réfléchit un instant; et puis, avec un doux sourire :

— Monsieur, il y a des cas où refuser est orgueil, je chanterai par modestie.

— Et vous comblerez mes vœux; ce sera un vrai bonheur dont je ne pourrai jamais assez vous exprimer ma gratitude.

— Or donc, écoutez-moi, peut-être en aurez-vous du regret; dans ce cas, ce sera pleinement votre faute.

Elle acheva, s'assit, plaça agréablement la harpe; et, après avoir préludé légèrement et avec un goût infini, elle chanta la romance suivante :

RETOUR VERS LE PASSÉ.

ROMANCE.

Illusions, vous que j'ai tant chéries,
Vous me quittez pour ne plus revenir;
De mes beaux jours, charmantes rêveries,
C'en est donc fait, je n'ai plus d'avenir!
Ah! je croyais, insensé, que la vie,
Comme un ruisseau qui fuit parmi les fleurs,
S'écoulerait par mon âme ravie
Sans rencontrer ni soucis ni douleurs.

Je me fiais à ma folle espérance,
Je me flattais de maîtriser le sort :
Dans la jeunesse on a tant d'assurance,
On croit régner dans les cieux d'où l'on sort.
Las ! cette erreur nous est bientôt ravie,
Quand l'éclair luit, la foudre part soudain ;
De longs regrets notre ivresse est suivie,
Et le temps fuit, riant avec dédain.

J'ai vu s'éteindre en de courtes journées,
Ces feux ardens, immortels, disait-on ;
J'ai vu tomber tant de roses fanées,
Et se flétrir de si jeunes boutons !
A chaque instant perdant une chimère,
Je m'effrayais de la réalité ;
Froide sagesse, expérience amère,
Combien de pleurs vos leçons m'ont coûté.

Oui, désormais, voulant, n'osant me taire,
Et sans plaisir, car je n'ai plus d'erreur,
Je reste encore étonné, solitaire,
Faible et battu par l'orage en fureur.
Mes passions grondent dans la tempête,
Mon cœur s'enflamme, et mon front est glacé,
Et tristement, à l'écho je répète :
Adieu l'amour quand son temps est passé !

Louis écouta avec autant de plaisir que d'attention, et lorsqu'il eut épuisé les complimens :

— Voilà, dit-il, dans votre bouche des paroles singulières. Quoi! vous, au printemps de la vie, pouvez-vous exprimer les sentimens d'un homme désanchanté, et qui, lassé des illusions, ne voit plus dans la vie que la réalité?

— Et pourquoi ne voulez-vous pas que mon âge professe la philosophie de l'expérience? Nous sommes à une époque où l'on vit rapidement et où l'on se trouve vieille lorsque l'on n'a pas atteint la moitié de la carrière.

— Je ne vous accorde pas ce point : on a, au contraire, moins de savoir qu'autrefois ; on se flatte, il est vrai, de posséder l'expérience, mais, à la quantité de fautes que l'on commet, on montre à tous son ignorance.

— Soit, monsieur, pourvu que vous nous accordiez de savoir diriger nos goûts et nos affections, c'est un art assez commun ; je sais qu'il y a des exceptions à la règle, ceux qui la violent ont tort : malheur à qui va chercher sa compagne hors de sa caste et qui descend trop bas ou monte trop haut, ceux-là sont également à plaindre.

— Vous le croyez, dit Louis surpris de cette maxime et faisant un retour sur lui-même.

— J'en ai eu sous mes yeux deux exemples funestes dans notre société. M. de Noblone a voulu épouser la fille d'un meunier, jeune créature aussi vertueuse que belle ; qu'en est-il résulté ? que, délaissé du monde, il souffre avec sa femme, dont les manières triviales, communes, grossières, font son tourment à chaque minute, tourment qui redouble lorsque la famille de la femme vient ajouter au contraste. Cet homme sera toujours malheureux.

— Oui, s'il fait consister le bonheur dans la conservation de quelques règles bizarres.

— Elles sont sacrées pour nous, malheur à qui les viole. Mais, en vérité, vous devez bien rire à mes dépens, moi, m'ériger en censeur !

—La morale de la société augmente de poids en passant dans votre bouche; et, si vous en teniez école, on aimerait à venir à vos leçons.

— Qui? vous, monsieur Marnaud? vous? Eh bien! je vous avouerai qu'il me serait agréable de vous ranger parmi mes écoliers.

La conversation s'engagea sur ce ton; elle dégénéra en une intimité tout agréable; et il y avait une heure et demie que M. le nouveau procureur du roi de Ville-Franche était arrivé lorsqu'il s'avisa de s'apercevoir que le temps s'écoulait et que la vicomtesse ne revenait pas. Il ne s'en tourmentait guère, mademoiselle de Nerville s'était montrée si aimable, si vive, si gracieuse; elle avait mis tant de raison à soutenir des choses frivoles, que lui ne se rappelait plus de ce qui existait hors de cette maison.

Ce fut alors que la tante arriva; elle s'exclama sur son malheur de ne pas avoir deviné que M. de Marnaud lui ferait l'honneur de la visiter; mais elle avait été voir le curé de la paroisse et la marquise de..... Puis vinrent les récits scandaleux, les contes sur le prochain, le tout mêlé d'éloges adroits de l'auditeur et de complimens adressés à M. de Gervel.

— Vous avez en lui, dit la vicomtesse, un digne parent.

— Il est mon tuteur, ou, pour mieux dire, il l'a été.

— Quoi! ne lui tenez-vous point par les nœuds du sang?

— Il ne me l'a jamais fait entendre.

— C'est singulier; tout en lui annonce un homme très riche, très respectable, et son titre de duc et pair...

— De duc et pair, madame! qui? M. Gervel?

— Ah! pardonnez, je le confonds toujours avec le duc de Mérange; il est singulier à quel point ils se ressemblent, et je me suis toujours imaginée que vous étiez leur fils ou leur neveu.

— Du duc ou de M. Gervel, madame?

— De l'un ou de l'autre, de tous les deux

peut-être; car enfin, convenez, monsieur Marnaud, que vous êtes heureux d'avoir un pareil protecteur.

Ici, et sur un signe de sa tante, mademoiselle de Nerville se leva et sortit; madame de Valgagnac continuant :

— Je voudrais en trouver un pour ma pauvre nièce, chère ange, sage, douce, timide, sincère, désintéressée, sobre, patiente, point coquette, pieuse ; elle ne danse que par contrainte, ne va dans le monde que pour me faire plaisir; sa naissance est illustre, et elle aura une dot, oui, une dot, mon cher monsieur; et en a-t-elle besoin avec ses charmes, ses qualités précieuses? Qui la prendra pour femme s'en réjouira toute sa vie. Quel âge avez-vous? votre intention est de vous marier, sans doute? Chère Hélène, elle n'a pas oublié notre dernière partie de campagne chez les bons Lubert, gens de peu et tout cœurs. Hélène, depuis lors, parle de vous et vous vante. Je lui dis : Mon enfant, cela n'est pas bien, une fille de qualité est plus réservée; je connais tout le mérite de M. Marnaud; mais ce jeune homme se tient sur la défensive avec trop de soin et pas assez d'abandon.

Louis écoutait avec surprise cette manière de tirade toute de déclamation; il y reconnaissait une scène tragique et les ressorts presque du vers alexandrin, et s'étonnait que la vicomtesse espérât se servir d'un tel moyen pour surprendre sa volonté. Quelle était donc celle de la dame? pensait-on le séduire par de pareils moyens? se laisserait-il prendre à une semblable déception? Cependant mademoiselle de Nerville était charmante, belle à ravir, et convenait-il de la confondre avec le manége de sa tante dont lui-même demeurait étonné?

Dans cette incertitude il écoutait en silence, mettant sur le compte de l'une ce qui évidemment ne pouvait appartenir à l'autre, et regrettant un art auquel Hélène certainement restait étrangère. Il voyait avec chagrin les menées coupables d'une parente qui retombaient sur une jeune fille innocente de ces crimes; ses yeux donc étaient distraits, et ce n'était pas ce que voulait la vicomtesse; quoique habile, elle venait de faire une faute, ce que dans le monde on appelle un pas de clerc. Eh! qui n'en fait? le plus habile sans doute. Elle le reconnut avec autant de chagrin que de désappointement; elle aurait désiré avoir retenu ses paroles, muré sa bouche imprudente ; il n'était plus temps : la sottise était faite, et Marnaud prévenu se maintiendrait dorénavant sur ses gardes, et il serait plus difficile d'arriver à lui.

Ce fut avec cette conviction amère, avec cette persuasion poignante, qu'elle s'arrêta dans son chemin, et qu'avec un vrai désespoir elle dut s'avouer qu'il fallait reculer de tout le chemin dont elle s'était avancée. Or, ce qui nuit le plus aux intrigantes, c'est la certitude qu'elles ont de l'impuissance de leurs efforts; cette conviction les trouble, les égare, les entraîne à de nouvelles démarches, à d'autres opposées, à celles qu'elles ont tentées. Revenir sur leur terrain, le suivre dans une voie qui croise la précédente, leur offre un désagrément complet; elles voudraient s'y soustraire, et cet inconvénient n'est pas le moindre de tous ceux contre lesquels elles ont à lutter.

Au milieu de ces fluctuations de pensées indécises, d'égaremens divers, de troubles croissans, madame de Valgagnac voulut renouer la conversation; elle le tenta, presque certaine que, par sa longue connaissance des secrets du cœur humain, il lui serait aisé de surprendre ceux d'un novice aux intrigues du monde; mais Louis possédait ce sang froid et exquis, cette raison supérieure dont la justesse déjoue l'intrigue qu'elle ne craint pas de combattre; aussi, loin d'obtenir tout l'avantage qu'elle espérait, elle vit, après un échange de quelques phrases, combien le but, si rapproché en apparence, était éloigné; il eût mieux valu, pour ce qu'elle prétendait, laisser agir sa nièce dont l'astuce était au moins parée de grâce, tandis que l'attaque livrée par une intrigante dénuée de jeunesse, d'abandon et de beauté, n'est pas secondée par ces illusions qui ont tant de force et auxquelles un jeune homme cède souvent.

Il fallut donc que la vicomtesse abandonnât ce terrain, et revînt au motif principal mis en avant, à cette affaire de jurisprudence dont elle avait parlé au tuteur; il s'agissait de revenir au nom d'Hélène sur la vente d'un bien national, qui, si elle était cassée, augmenterait considérablement la fortune de mademoiselle de Nerville.

— Celui qui pourra, dit-elle, faire rentrer ma nièce dans ce domaine, injustement ravi à sa famille, peut compter sur notre reconnaissance, et si c'était un célibataire digne de l'estime publique, je ne balancerais pas à le rendre possesseur de ce qu'il aurait rendu à son propriétaire légitime.

— Il est certain, madame, répondit Louis, que l'espoir d'une aussi belle récompense, sera un puissant véhicule parmi nos jeunes avocats; ils se disputeront cette cause lorsque vous aurez fait connaître vos intentions.

— Mais, monsieur, repartit avec dépit la vicomtesse, c'est à vous que nous voulions la confier.

— Je ne peux donner à vos concitoyens cette preuve de mon désintéressement, ma situation sociale a changé; et, par une fantaisie du destin, je suis rayé du tableau de l'ordre au moment où vous ajoutez à celui-ci un tel avantage.

Les regards surpris de madame de Valgagnac réclamèrent l'explication d'un propos qui lui paraissait une énigme réelle. Louis la donna facilement en avouant son changement de position par sa nomination à la charge de procureur du roi près le tribunal de Ville-Franche (Haute-Garonne). Il fut écouté avec un chagrin toujours croissant et une mauvaise humeur non moins exprimée; et, lorsqu'il eut fini :

— En vérité, monsieur, vous auriez pu aider à mon embarras en me confiant d'abord une circonstance que je ne pouvais deviner; elle m'aurait mise à mon aise et vous eût épargné l'ennui des détails d'une procédure qui ne peut vous inspirer aucun intérêt.

Louis se récria, certifia celui qu'il prenait à la cause de mademoiselle de Nerville ; et, sans vouloir aller au-delà, signala avec empressement ceux de ses jeunes confrères dont le talent se présentait avec plus de maturité. Tout ce qu'il disait achevait de déplaire et de contrarier. Il ne fut plus écouté qu'avec une distraction qu'il attribua à l'heure avancée et en profita pour prendre congé et se retirer. La vicomtesse désappointée le laissa partir sans se mettre en frais pour le retenir plus long-temps ; et, lorsqu'elle se trouva seule, un soupir profond échappa à son cœur et en même temps elle dit avec un accent mélangé de douleur et de colère :

— Mon Dieu ! que maintenant une fille pauvre est difficile à marier !

XI.

Une Nomination.

> Le doigt de Dieu dirige les événemens ;
> on le retrouve dans tout ce qui nous frappe,
> nous aide ou nous punit.
>
> Le père Élysée.

Plus l'intrigue se met en avant et moins elle a de chances de succès. Si la vicomtesse avait eu assez de bon sens pour laisser agir sa nièce sans intervenir maladroitement, certes elle eût approché le but avec moins d'appréhension, tandis qu'elle, en se montrant, avait mis le jeune Marnaud en pleine défiance. C'était donc un mari que madame de Valgagnac cherchait pour l'appât de ce riche procès, et ne serait elle pas secondée en ce plan par le concours de M. Gervel? Ce fut la première question que Louis s'adressa en cheminant vers son domicile; la différence qui en advint le détermina d'autant plus à partir sans délai. Il adoptait pleinement la maxime que : le meilleur moyen de ne pas succomber à la tentation est de la fuir; et, en conséquence, le lendemain de ses devoirs remplis, il se mit en route pour Ville-Franche.

Il se confirma dans sa crainte d'un complot formé entre son tuteur et la vicomtesse, par le silence maladroit que ce premier garda touchant une visite qui nécessairement aurait dû piquer sa curiosité. On échoue bien souvent moins par de l'indiscrétion apparente, que par une réserve exagérée; ou, pour mieux dire, le trop grand nombre de précautions prises, nuit plus qu'il ne sert. M. de Gervel, en affectant une indifférence complète sur un cas qui devait l'intéresser, montra peu de franchise et en indisposa d'autant plus son pupille.

Certes, au fond, celui-là ne se souciait guère d'un hymen entre le nouveau magistrat et la nièce de la vicomtesse, mais, la nécessité impérieuse admise du choix forcé entre mademoiselle Nerville et la fille de l'obscur négociant, c'était vers celle-là que son affection pencherait, et dès lors, sans le vouloir, il devenait l'auxiliaire de l'intrigante.

La conversation pendant la route qui fut de quatre heures, grâce à la vélocité des chevaux de poste, ne roula que sur le désappointement de M. Gervel au sujet de la nomination de son pupille; elle provenait, disait-il, d'une erreur : c'était une charge supérieure dont Louis devait être investi; et, lorsque la modestie de celui-ci se déclarait satisfaite, son amour-propre blessé se récriait contre l'insouciance et la distraction des bureaux de la chancellerie de France. La vue de Ville-Franche, triste village sans aucun édifice remarquable, sans promenades et située dans une plaine dont la fertilité n'exclut pas la monotonie, ne réconcilia guère M. de Gervel avec les fonctions que Louis allait y exercer; et, à la vue de cette longue et mélancolique rue, et sachant combien peu les moyens de distraction s'y rencontrent, il se mit à consoler son pupille du propre chagrin que lui-même éprouvait. Ceci est encore une des mille aberrations de l'esprit humain : il juge toujours autrui d'après soi, et travaille pour un autre comme il l'aurait fait pour lui-même, sans commencer par s'assurer si la pensée d'autrui est pareille à la sienne.

Qu'aurait dit M. de Gervel, dans cette circonstance, s'il s'était douté que cette résidence, à ses yeux si désagréable, se montrait à ceux de Louis sous un aspect bien opposé, puisqu'elle devait le rapprocher momentanément de Lucie ?

Le soir où il rentra chez lui, en revenant du rendez-vous sollicité par madame de Valgagnac, il trouva la lettre où mademoiselle Renal lui annonçait l'ordre nattendu de son père, et le départ précipité pour le château de Terclens. Il ne vit dans ce voyage dont le terme était si rapproché que le désir naturel de tout propriétaire de montrer un domaine acquis depuis assez de temps. Mais, comme Lucie ne fixait pas la durée du voyage, il se réjouit de la pensée qu'en habitant Ville-Franche il ne serait guère qu'à quatre lieues de Terclens, en passant par Saint-Félix, et peut-être même abrégerait-il la route en coupant dans la plaine, le village de Montmaurt une fois dépassé; dès lors Ville-Franche s'embellissait, mais c'était une joie qu'il garda pour lui, trop assuré qu'elle ne serait point partagée par son compagnon de voyage.

Tous les incidens que Lucie ne pouvait prévoir, dans la situation où elle se trouvait, retardèrent de beaucoup le moment où Louis reçut la seconde lettre de Lucie, accompagnée de celle du sous-lieutenant Laurent Rumin. Le messager intelligent, expédié par celui-ci, ne put d'abord franchir aussi vite qu'il l'aurait voulu la distance qui séparait

Terclens de Toulouse ; son cheval ayant fait une chute, il dut s'arrêter plusieurs heures pour le faire soigner ; il n'arriva donc que tard, et là apprit que celui qu'il venait chercher avait lui-même abandonné Toulouse pour aller s'installer à Ville-Franche.

Le messager ne se rebuta pas, ses instructions étant précises ; il devait remettre les dépêches dont il restait détenteur aux mains de M. Marnaud, en conséquence, il se détermina à le suivre au lieu de son nouveau domicile. Il ne pouvait fournir cette autre course avec sa monture, déjà malade et fatiguée. Il lui fallut du temps pour chercher une autre voie, et le hasard lui procura une place dans une autre voiture de retour, qui avait conduit à Toulouse un habitant de Ville-Franche.

Il était dix heures du soir lorsqu'il arriva dans ce chef-lieu d'arrondissement ; et, ne se souciant pas de reculer au lendemain la remise des lettres de Lucie et de Laurent, il se fit indiquer l'auberge voisine de la sienne, où le procureur du roi était descendu, et il parut devant lui en manière d'estafette, ce qui occupa beaucoup les oisifs du lieu; on forma là-dessus de nombreuses conjectures dont certes aucune ne se rapprochait de la réalité.

Louis, ne soupçonnant pas l'importance de ces lettres, les reçut devant son tuteur, et les décacheta avec sa permission ; celle du sous-lieutenant renfermait celle de la jeune fille, et décrivait toute l'étendue et la noirceur de la trame dont positivement mademoiselle Renal restait la victime. Certes, Louis ne pouvait supporter l'idée de laisser un instant sa maîtresse sous le pouvoir d'un scélérat tel que Gabriel, et dès ce moment il se promit de la lui enlever sans retard, surtout, comme tout le faisait présumer, si le père de Lucie était étranger à cette trame abominable.

Sa physionomie réfléchissait trop vivement les impressions de son âme pour qu'il en échappât quelque chose à l'investigation amicale de M. de Gervel ; celui-ci le voyant pâlir, s'animer tour à tour, apercevant dans ses yeux la colère étinceler à côté de l'inquiétude, ne put se retenir de lui demander quelle était la nouvelle fâcheuse qu'il avait reçue.

— Je me croirais coupable si désormais je vous déguisais rien, repartit Louis avec autant de noblesse que de franchise. Tenez, monsieur, lisez, et vous-même dictez la conduite à tenir dans une occurrence pareille.

Touché de cette confiance affectueuse, M. de Gervel se promit de s'en rendre digne ; il prit les lettres, les lut avec attention, les médita lorsqu'il les eut achevées, et alors se mit à dire :

— Ceci, mon cher pupille, est un cas du ressort de votre nouvelle profession ; vous devez ou envoyer votre substitut au secours d'une jeune fille abandonnée à une double perversité, ou bien prendre vous-même ce soin, si la chose vous semble assez importante.

— Importante ! monsieur, s'écria Louis ; un rapt sous un faux nom, un faux matériel commis, un chef de voleurs usurpant les droits d'un père, une femme perdue infectant la vertu de son souffle empoisonné ; mais il y a là-dedans une telle amplification de crime que j'en suis pénétré d'horreur !

M. de Gervel se mit à rire ; puis, se reprenant :

— Le cas, au fait, dit-il, est grave ; et, lors même que vous n'aimeriez pas cette jeune fille, comme le protecteur naturel de l'innocence, vous devriez être son champion. Partez le plus tôt possible ; faites-vous escorter de forces suffisantes ; car, selon toute apparence, ce maître drôle aura dirigé vers ce lieu la totalité des bandits auxquels il commande, et paraissez là, non en amant qui craint pour sa maîtresse, mais en magistrat, redresseur des torts.

— J'exécuterai de point en point ce que me conseille votre expérience, répondit Marnaud ; cependant il me serait plus agréable, et peut-être même en retirerais-je plus de profit, si, poussant jusqu'au bout votre condescendance, vous vouliez m'accompagner dans cette expédition.

M. de Gervel, non plus, ne s'attacha pas à dissimuler le contentement que lui faisait éprouver cette prière de son pupille ; sa physionomie rayonna, il le regarda avec des yeux remplis de satisfaction et de tendresse.

— Je ne vous fais donc pas peur? dit-il ensuite ; ma présence ne vous importune donc pas?

— Non, parce que ma volonté ferme d'une part et mon amitié reconnaissante de l'autre, peuvent s'allier très bien. Je suis persuadé que vous aimerez Lucie lorsque vous l'aurez vue.

— Je le voudrais, répliqua le tuteur en soupirant ; cependant, Louis, j'avais formé pour vous d'autres projets ; je comptais sur un grand mariage pour achever de vous pousser dans le monde au haut rang que vous y occuperez.

— Moi, monsieur ! dont la naissance obscure....

— Vous êtes mon neveu, le fils de mon frère, et à ce titre....

— Est-ce à monsieur de Gervel que je dois

faire mes complimens? ou bien faudra-t-il adresser l'hommage de mes respects à M. le duc de Mérange ?

— Ainsi, répondit l'interlocuteur interpellé, vous admettez comme vrai la supposition de madame de Valgagnac?

— Je vous fais observer, monsieur, que, me maintenant dans une réserve prudente, j'ai exposé le problême, et vous en ai remis la solution.

— Louis, vous possédez deux qualités inestimables : vous êtes tout ensemble adroit et franc.

— Je suis heureux de vous plaire, et, lorsque je vous contrarie, mon cœur en est brisé.

— Préparation oratoire pour me faire entendre que vous ne me céderez pas.

— Monsieur, dit alors Marnaud en prenant la main de son tuteur qu'il serra vivement dans les siennes, ne vous étonnez point si, à la révélation du proche degré de sang qui nous unit, je ne témoigne pas plus de surprise et surtout plus de contentement. Je m'étais bercé jusqu'à ce jour d'une autre espérance ; je me croyais encore plus rapproché de vous, et je souffre d'une certitude qui, tout en me comblant de joie, me recule dans les sentimens d'amour et de respect.... Vous n'êtes donc pas mon père ?

— Ce bonheur me manque, Louis ; j'avais une fille, une fille unique ; je l'ai perdue : vous deviez la remplacer.... Mais laissons à l'écart ce sujet, un autre nous occupe. Je présume que nous partirons de bonne heure. Vous avez à requérir la gendarmerie ; ne perdez pas de temps.

Louis, impatient de courir où Lucie le réclamait, aurait voulu se mettre en route au moment même ; il ne le put : les gendarmes dont il avait besoin étaient dispersés ; il fallut attendre leur rentrée ; leur nombre d'ailleurs était insuffisant. Il dut pour cause majeure d'utilité publique demander le concours d'un détachement de cavalerie qui par hasard se trouvait à Ville-Franche. Tout ne put être prêt que dans le jour suivant ; la route d'ailleurs était longue à franchir; les guides en annonçaient toujours le terme, et ce terme semblait fuir à mesure qu'on se flattait d'y arriver.

Au moment de quitter la grande route pour prendre le chemin qui suit le ruisseau, un militaire en grade s'avança de Louis qui, l'ayant reconnu, poussa un cri de joie, vint à lui, et l'embrassa tendrement.

— C'est donc toi, mon cher Rumin! dit celui-ci; toi, que je retrouve après une pénible séparation; toi, qui me procures plus que le bonheur, puisque je te devrai l'honneur d'une femme digne de ton attachement et du mien!

Les deux amis s'embrassèrent de nouveau; l'escorte de Louis fit halte, et Laurent lui apprit ce qui se passait, bien qu'il ignorât l'arrivé de Renal. Il lui dit que Gabriel était rentré dans le château avec une troupe de bandits assez forte, et à l'aide de l'Italienne qui leur avait jeté une échelle de corde; que, par conséquent, il faudrait se précautionner, et se disposer à soutenir une lutte ouverte. Laurent, en se rendant à Revel, avait cédé à une nécessité de ses fonctions de fermier ; mais des valets intelligens et fidèles, mis en surveillance, étaient parvenus à surprendre la dernière tentative de Gabriel. La venue du père demeurait ignorée, parce qu'il avait profité d'une issue souterraine, cachée dans une grotte de la montagne, et assez éloignée pour qu'on n'y soupçonnât pas de communication avec le château. Laurent termina en disant que, maître des portes de Terclens, il y introduirait Louis et les soldats de son escorte, sans que les brigands soupçonnassent l'approche et la présence d'un aussi grand péril.

En effet, dès que le pont-levis ou l'arche maintenant stable qui le remplaçait, eut été franchie, un passage sous la voûte permit à Louis et aux siens de s'avancer mystérieusement dans le château. Laurent leur procura les rafraîchissemens dont ils avaient besoin, et puis il prit avec lui une portion de la troupe qu'il amena par l'escalier dérobé. Le reste, ayant Marnaud en tête, pénétra par le grand appartement sous la conduite de l'ex-sergent, compagnon du jeune fermier. Si on eût tardé un peu plus, l'on aurait interrompu pour la seconde fois la cérémonie sacrilége à laquelle Gabriel attachait tant d'importance, on ne sait pourquoi.

Reverchon, Lottier et le clerc prétendu qui se trouvaient dans la salle à manger occupés à arranger encore leur autel profane, furent tout à coup environnés par les dragons et les gendarmes, saisis et garrottés avant qu'ils eussent pu se débattre et surtout donner l'éveil à leurs deux chefs qui étaient si près d'eux et à leurs camarades cachés dans le fond des souterrains. L'ordre de les entraîner à l'écart fut donné et exécuté rapidement. Cela fait et dirigé, par le bruit qui partait de la chambre de Lucie, on s'y dirigea, et j'ai décrit comment de deux côtés à la fois cette pièce avait été envahie.

A la vue des gendarmes, à celle d'un magistrat dont on faisait connaître la qualité, Renal, persuadé qu'on en voulait à sa per sonne, soit qu'il eût été trahi par Gabriel, soit que ce fût l'effet des renseignemens antérieurs, se hâta de prendre un dernier pistolet, car il ne marchait que bien armé, et il le tira imprudemment contre Laurent Rumin qui se présenta le premier; la balle, mal dirigée, le manqua et alla frapper au bras gauche le gendarme dont il était suivi..... Aussitôt, la troupe coucha en joue les trois personnages qui étaient présens, prête à faire feu s'ils continuaient leur attaque imprudente.

Lucie, à l'aspect du danger couru par son père, s'élança vers lui en poussant un cri de douleur; et Olivia, en cédant à un sentiment tout d'égoïsme, s'éloigna promptement de Jules et de Gabriel; mais lorsque Lucie eut reconnu Marnaud, lorsque le titre que lui avait donné celui qui l'annonçait eut retenti à son oreille, ce fut vers son amant qu'elle courut, et, tombant à ses pieds, lui demanda d'une voix suppliante grâce pour son père.

— Il est à l'abri de tout péril du moment, repartit Louis; mais se peut-il qu'il prenne la défense de cet homme, et qu'il ait pris l'initiative en attaquant la force publique?

— Renal balbutia des mots d'excuse sans suite; il voulut se retirer, mais l'officier de gendarmerie, dont le subordonné venait d'être blessé, s'y opposa.

— Il y a, dit-il, rebellion à main armée et avec commencement d'exécution; je ne peux consentir à ce que monsieur soit libre; on verra plus tard, lorsque les formalités seront remplies; en attendant, monsieur est mon prisonnier.

— C'est mon père, reprit Lucie en sanglotant, c'est mon père, monsieur, ayez pour lui de l'indulgence; et vous, Marnaud, le laisserez-vous charger de fers?

Le nouveau magistrat, ignorant une partie des prérogatives de sa charge, et craignant de montrer combien il était novice, hésita sur ce qu'il y avait à faire. L'officier de gendarmerie, plus rompu aux formes en usage dans de pareils cas, ordonna que Renal fût détenu, et, en même temps, fit signe à ce qu'on mît les menottes à Gabriel et à Jules; mais lui-même balança relativement à ce qu'il fallait à l'égard de l'Italienne.

Gabriel, à la vue de Marnaud, dont le titre indiquait le pouvoir, et à celle de l'escorte qui l'entourait, laissa échapper un blasphème, et lui aussi chercha, non des pistolets, car il avait vidé les siens dans la matinée, mais un poignard qui ne le quittait jamais. La réflexion le sauva des conséquences de cette détermination insensée; il comprit combien toute résistance serait inutile, et repoussa doucement le fer qui déjà brillait hors de son fourreau. Aucune émotion n'éclata sur sa figure, lorsqu'un brigadier s'approchant, lui adressa les questions d'usage et exigea la remise de ses papiers.

— Ils sont en règle, dit-il; un voyageur en a trop souvent besoin pour qu'il les néglige...

A mesure qu'il parlait, son assurance diminuait, en même temps que sa voix devenait plus faible; le dernier mot fut à peine entendu, et on s'aperçut qu'il n'achevait pas la phrase.

— Eh bien! dit l'interrogateur, montrez votre passe-port.

— Je... je n'en ai pas.

— Que venez-vous de dire tout à l'heure?

— Je... me suis trompé.

— Qu'on fouille cet homme, dit l'officier de gendarmerie.

— Qu'on ne me touche pas, repartit Gabriel exaspéré; si quelqu'un ici tient à la vie, qu'on ne me touche pas.

Six fusils et six baïonnettes furent instantanément appuyés contre sa poitrine.

— La résistance est inutile, dit le même officier, soumettez-vous de bonne grâce à ce que la force va vous imposer.

— Vous avez raison, répliqua l'effronté voleur; je suis d'ailleurs charmé de tâter le pouls à des hommes qui font un grand étalage de leur magnanimité. Allons, messieurs, à l'épreuve.

Il achève et tire résolument de sa poche un

passe-port, le montre avec affectation et prend lui-même le soin de le lire; il n'omet rien du signalement; et, quand il vient au nom, d'une voix éclatante, il dit :

— *Gabriel Gimont, associé de la maison Vandulten et compagnie d'Amsterdam.*

A ce nom, qu'il prononce comme pour défier Louis et Laurent, ces deux-ci, étonnés de son audace et mieux encore de l'appel direct qu'il fait à leur générosité, font un mouvement de stupéfaction; ils le regardent avec des yeux remplis de mépris, comme pour lui reprocher son insolence; mais lui, satisfait de leur réserve, y répond avec un sourire sardonique et de dépit tout à la fois.

XII.

Les Méchans aux prises.

> Il est rare que la punition des coupables ne soit pas provoquée par les coupables eux-mêmes.
>
> La Mothe-le-Vayer.

Dans le temps que l'on mettait les fers aux mains de Gabriel, l'officier de gendarmerie, prenant à part le procureur du roi, lui demanda ce que l'on ferait de Jules et de Lucie. A cette question de convenance, et comme rien encore ne pesait sur les maîtres du château, Louis répondit que son réquisitoire ne pesait que sur les brigands qui, sous un faux prétexte, s'étaient introduits en ce lieu, et sur la femme, leur complice, que M. Renal, par la vivacité de son attaque inconvenante, bien qu'elle dût sans doute être excusée par la chambre d'accusation, ayant blessé un membre de la force publique, devait provisoirement être détenu, mais qu'il n'ordonnerait pas et ne consentirait pas, en cas de besoin, à ce qu'on arrêtât la sœur et le frère.

— Aucune charge ne pèse sur eux, ajouta-t-il, et c'est contre la jeune fille que cet homme (Gabriel) et cette femme (Olivia) complotaient en ce moment.

Le militaire, accoutumé à tout voir du mauvais côté, prétendait que, par mesure préventive, il serait bon de retenir Lucie et Jules.

— Cela ne sera pas, monsieur, dit sèchement Louis, et aucun geolier ne se chargera d'aider à une incarcération à laquelle je m'oppose.

— On voit bien, monsieur le procureur du roi, répondit l'officier en ricanant, que vous êtes encore neuf en matières criminelles; quand on a la facilité de relâcher, pourquoi ne se servirait-on pas de celle d'arrêter? Qui sait ce qu'on obtient ou ce qu'on manque, par plus ou moins de rigueur?... Mais, poursuivit-il, je fais une réflexion. M. Laurent nous a annoncé une douzaine de bandits, et, ici-même, en comptant le père et le fils, dont la présence dans le château ne me paraît pas très claire, ils ne seraient que six : le reste aurait-il détalé, ou resterait-il caché? Cette maison est si vaste! Trouverez-vous bon qu'on la visite avec soin?

— Je ne m'y oppose pas; d'ailleurs le propriétaire, qui certainement doit tenir à ce que sa cause soit séparée de celle de ces misérables, ne s'y opposera pas.

Louis, à ces mots, se retournant vers Renal qui gardait un silence morne :

— Monsieur, lui dit-il, lorsque je venais ici c'était pour y tenir votre place; on avait prévenu le parquet qu'en votre absence, des intrigans, des mauvais sujets s'y étaient introduits pour user de violence envers mademoiselle votre fille. Le ciel a voulu que ce fût moi qui eût le soin de la secourir; j'arrivais, jaloux de vous sauver un bien si précieux; et, par une imprudence que vous déplorez sans doute, vous avez contraint vos défenseurs à vous punir d'un mouvement précipité; du moins, et pour mieux séparer votre cause de celle des misérables qui abusaient de leur nombre, vous autoriserez et même vous présiderez à une recherche qui sera faite sur-le-champ dans les divers étages, dans les combles et dans les souterrains du château.

Jusqu'à ce moment, Renal, anéanti par l'apparition de Louis Marnaud, revêtu d'une autorité supérieure, et par celle de la gendarmerie, encore plus redoutable, s'était cru accusé directement. Les premières phrases que Louis prononça furent bien douces à son inquiétude, en ce qu'elles lui donnaient la preuve que le soupçon de complicité ne s'étendait pas jusqu'à lui, et déjà il respirait ; mais de quelle douleur nouvelle et non moins poignante ne fut-il pas atteint, lorsque le magistrat, croyant parler à un homme de bien, à un propriétaire honorable, lui annonça les perquisitions auxquelles on allait se livrer, et lui intima la dure nécessité de livrer lui-même ses camarades s'il voulait se sauver.

Dans cet embarras inexprimable, il regarda Gabriel à la dérobée, comme pour le consulter sur ce qu'il fallait faire, et peut-être aussi, craignant que, s'il se montrait perfide envers les leurs, il ne devînt, lui personnellement, l'objet d'une dénonciation directe. Gabriel, à son allégeance inexprimable, répondit à son tour par le langage, muet et tellement expressif des yeux ; il lui disait : Tâche de te sauver ! tu travailleras plus efficacement à notre délivrance commune ! Renal, heureux d'avoir cet assentiment, reprit alors toute son assurance, et, répondant à qui l'interpellait.

— Il y a une heure que j'étais arrivé lorsque vous avez paru ; je croyais être seul dans mon château, et ma surprise a été grande de le trouver occupé par mes enfans et... par d'autres personnes. Monsieur (il désigna Gabriel), que je connaissais depuis son séjour à Toulouse, a voulu être mon gendre malgré moi ; je dois ajouter qu'à ma présence, touché de honte et de repentir, il m'avait demandé pardon et qu'il se préparait à partir quand l'autorité s'est présentée.

— Ainsi, monsieur, vous ne formulez contre lui aucune plainte?

— Aucune, répliqua Renal avec fermeté.

— Dès lors, dit Gabriel, et puisque mes papiers sont en règle, je présume que nul ne s'opposera à ce que je fasse retraite. Je vous remercie, monsieur Renal, de votre générosité : nul ne se montre plus magnanime que vous ; je bénirai vos bontés à perpétuité, et vos vertus me resteront en exemple.

L'ironie perçait au travers de ce propos adroit; mais peut-être ne pouvait-on bien la comprendre, ceux surtout à qui Renal était inconnu. Déjà Gabriel saluait la compagnie, il se voyait libre et riait de la bonhomie de la justice, lorsque le brigadier de gendarmerie lui frappant sur l'épaule :

— Halte-là maître drôle ! à qui te flattes-tu d'en imposer avec tes papiers de Jérusalem? Voilà bien un passe-port délivré par les autorités compétentes à Gabriel Gimont; mais je serais bien curieux de vérifier si nous n'en trouverions pas un autre portant le signalement identique du nommé Eugène Rouland ; et enfin, à force de s'énquêter, on finirait par en trouver un troisième, toujours avec les mêmes yeux, nez, bouche, menton, etc., et un, M. Barthélemi Delbois.

— Je suis vendu, murmura Gabriel, et je ne vois pas le traître; car aucun de ceux qui m'environnent ne connaissait ce nom primitif de votre très humble serviteur.

— Tu fredonnes, dit alors le brigadier.

— Que je sois pris, que vous êtes en nombre, que je suis le plus faible, que vous me ferez la loi, tout cela, j'en conviens volontiers; mais du diable si tu me fais dire un mot dont ma liberté ou ma fortune puisse avoir à se plaindre.

Il se tourna vers Olivia :

— Illustre comtesse, dame presque royale, vous plairait-il de prendre mon bras et de permettre que je sois votre chevalier jusqu'au prochain cachot où l'on nous séparera ?

Alors, pour continuer la plaisanterie sous laquelle il espérait cacher son dépit ou plutôt son désespoir, il fit un pas vers l'Italienne en affectant les manières gracieuses de la bonne compagnie ; mais elle s'irrita de ce badinage hors de saison ; et, vindicative comme ceux de sa patrie, elle se recula tandis qu'il avançait.

— Arrière, scélérat ! dit-elle, arrière ! misérable qui m'as perdue, souillée, flétrie ! qui maintenant voudrais encore m'avilir ! je ne veux ni de toi ni d'aucun de ceux qui m'entourent ; il y en a dont la position paraît supérieure ; et celui-là, mieux encore, me méprise et me hait ; eh bien ! qu'à son tour il tremble ; car, si je ne peux entacher sa réputation, j'ai du moins le secret de briser son cœur... Malheur à qui m'abandonnera... malheur à qui reculera ma délivrance!

Ces paroles, prononcées d'une voix énergique et comme au hasard néanmoins, car son regard vague ne se reposait sur aucun des assistans en particulier, alla frapper à son adresse. Louis Marnaud, sans rien démêler encore de la nuit profonde qui l'environnait, comprit par un vague pressentiment qu'il dépendait de cette femme de le rendre complétement malheureux. A qui faisait-elle allusion? à son amant, sans doute. Et en effet, si Jules avait participé d'une manière active aux attentats de Gabriel, il deviendrait certain que le nouveau magistrat en serait atteint dans la personne de celle qui devait être sa femme.

Il convenait pourtant de mettre fin à ces colloques de menaces et surtout à délivrer Lucie qui ne comprenait pas encore comment Louis Marnaud qu'elle avait quitté simple avocat trois jours auparavant, lui apparaissait aujourd'hui en magistrat supérieur. En conséquence, Louis fit un signe, et on emmena

Olivia, Gabriel et Renal; les deux derniers entraient dans la salle à manger, lorsque M. de Gervel, qui s'était arrêté pour en examiner les décorations, se retournant au bruit que l'on faisait, à la vue de ces deux derniers personnages, ne put retenir une exclamation de surprise et d'indignation. Il s'approcha avec vivacité du cortége; et, pendant qu'il lançait un regard de mépris à Gabriel, il prit la main de Renal:

— Antoine, dit-il, est-ce toi que je retrouve?

— Ah! monsieur!...

Renal allait poursuivre, un geste impérieux lui coupa la parole, et il parut sur son visage un surcroît d'inquiétude et de soucis; chacun de ses traits prit une expression farouche.

— Que se passe-t-il donc ici? reprit le même interlocuteur. Mon cher Louis, d'où vient que monsieur est arrêté (il désigna Renal)? il m'a connu, moi, de Gervel, à Paris; sa femme a été la nourrice de ma fille (ici Renal tressaillit involontairement), et, depuis nombre d'années, il s'est retiré en province et a rompu ses rapports avec moi. Cependant il n'avait eu à se plaindre ni de ma famille ni de moi !

Renal, dont la taciturnité souffrante augmentait à chaque moment, et qui, au nom de Gervel, l'avait répété avec un accent de moquerie, balbutia des mots sans suite et laissa aux soins de Louis à expliquer comment il était arrêté en la compagnie de Gabriel.

— En vérité, repartit le tuteur de Marnaud je ne te savais pas aussi riche. Tu as donc eu un héritage ou entrepris un commerce bien lucratif?

— J'ai beaucoup travaillé, repartit Renal que cette conversation contrariait si visiblement que l'on dut en former des conjectures; on s'imagina que, comme le possesseur de Terclens avait été connu dans une humble position par son ancien maître, il se trouvait honteux de paraître aujourd'hui dans un état bien différent.

En ce moment M. de Gervel se rappela ce

qu'il avait tout à coup oublié, que la fille du propriétaire de ce lieu était tendrement aimée de Marnaud; et, à son tour, lui, dont jusque-là la contenance avait été tranquille, exprima un mécontentement, un dépit souverain, qui le porta à se retirer à part et à ne rien ajouter à ce qu'il avait dit.

Il fallait dresser un procès-verbal de la prise de Gabriel, d'Olivia et de leurs trois camarades, un second de l'incident de Renal; puis il restait à visiter le château dans les parties les plus secrètes afin de mettre la main sur les compagnons de Gabriel. Tout cela demandait du temps; on pouvait présumer que l'on passerait la nuit à Terclens; ce délai était d'ailleurs nécessaire à Louis, afin d'arranger les choses de manière à ce que Renal, justifié, fût relâché sous caution, si les gendarmes persistaient à maintenir leur plainte.

Le sous-lieutenant Laurent, qui se multipliait, se fit alors maître des cérémonies. Il conduisit M. de Gervel dans un appartement dont il lui fit les honneurs; il disposa une salle basse aux murailles épaisses, à la porte solide, et on en fit la prison provisoire de Gabriel et des autres brigands saisis avec lui. L'Italienne eut sa chambre séparée, comme M. Renal avait la sienne, et Laurent s'occupa aussi du soin d'établir le détachement de gendarmerie, son brigadier et le maréchal-des-logis-chef de l'escadron des dragons qui faisaient partie de l'escorte.

Lucie regarda comme un songe, lorsqu'elle se trouva seule, tout ce qui venait de se passer, accablée du péril couru par son père et par Jules ; elle s'étonnait que la Providence divine eût remis aux mains de son amant la punition des deux êtres qui lui étaient si chers; elle comprenait la nécessité d'avoir une entrevue avec lui, et n'attendait que de son intervention l'honneur conservé à sa famille. De quelle émotion n'aurait-elle pas été atteinte si elle s'était doutée de la présence de M. de Gervel dans ce funeste château ! celui-là sans doute profiterait de la situation du père et du frère pour se débarrasser de la sœur, et il était plus que probable que Louis finirait par avoir du dédain pour une aussi chétive alliance.

La jeune fille, profondément abattue, n'osait quitter sa chambre et néanmoins sentait la nécessité de ne pas perdre un instant; elle avait besoin de faire prier Marnaud de venir lui parler, et se levait pour aller à la recherche de Laurent, lorsque celui-ci, selon l'usage, apparut en ange consolateur. Il venait, rempli d'inquiétude, gémir avec Lucie de l'arrestation de son père, dont lui encore ne soupçonnait pas la vile profession. Dès qu'il fut assez près pour qu'elle pût l'entendre :

— Qui nous aurait appris que le premier homme emprisonné dans les murs de Terclens serait monsieur votre père nous aurait étrangement surpris, et cependant telle était la réalité. Mais, mademoiselle, qui a pu le porter à cette extrémité étrange ? Il m'a paru quand nous sommes entrés en pleine réconciliation avec le scélérat Eugène Rouland.

Lucie alors lui conta, non ce qui s'était

passé, mais la chose arrangée comme l'avait accommodée son père : que Gabriel, surpris à l'improviste, s'était soumis après une vive discussion. Laurent l'écouta avec attention; puis, reprenant, demanda ce qu'étaient devenus les autres camarades d'Eugène. On les avait vus entrer dans le château, et ils n'en étaient pas ressortis. Lucie, sans répliquer à cette dernière question, pria Laurent d'aller chercher Louis à qui elle avait à parler avant l'heure du souper, qui serait celle où se réunirait la compagnie.

— Il tardera peu à vous rejoindre, dit Laurent; votre père le conduit dans les caves du château, partout où l'on peut espérer de rencontrer les misérables amis de Gabriel. Lorsqu'on les aura saisis, le premier soin de M. Marnaud sera de venir vous tirer de peine.

Laurent ensuite raconta de quelle manière il avait été nommé procureur du roi; comment il s'était rendu à Ville-Franche, où le messager, dont la mission était de le rencontrer à Toulouse, avait été à sa poursuite. Lucie l'écouta avec plaisir; elle trouvait du bonheur à voir ainsi récompenser le mérite dans son amant, et elle était certaine que jamais Louis ne se déterminerait à faire du mal à son père ou à Jules. Laurent dit ensuite que Gabriel gardait un morne silence et qu'Olivia ne faisait que pleurer. Il sortait, lorsque revenant:

— Pourquoi dit-il, n'avez-vous pas voulu voir le tuteur de M. Marnaud?

— Son tuteur, où est-il?

— Dans le château, où il est arrivé avec mon ancien capitaine.

— Que me dites-vous là? s'écria Lucie effrayée; si ce monsieur a accompagné Louis, c'est, je le crains bien, pour qu'il rompe avec moi.

— Ne vous inquiétez pas d'un malheur dont la Providence ne vous frappera pas; tâchez de vous rapprocher de lui; s'il vous parle, s'il vous voit, il sera impossible qu'il vous persécute. Permettez-moi de vous l'amener; il ignore que vous êtes ici, ou, s'il le sait, c'est par délicatesse qu'il se sera refusé à vous voir momentanément.

Laurent, toujours disposé à faire le bien aux autres, se hâta de quitter Lucie et se rendit auprès de M. de Gervel; ce dernier se demandait dans ce même instant quelle cause l'empêchait de rendre ses devoirs à la fille de la maison; il s'en occupait tant, que Laurent entendit ce désir aux premières paroles qu'il prononça, et lui proposa alors de le conduire vers elle.

— J'ai, dit M. Gervel, une vive envie et une crainte non moins véhémente de me rapprocher d'elle; j'avoue que plus je vois et plus je regrette que mon pupille se soit épris de cette demoiselle; j'aurais souhaité pour lui une autre alliance. M. Renal est riche, mais je l'ai connu dans une position si humble; sa femme a nourri une fille que j'avais; hélas! elle n'a pu la préserver de la mort!

M. de Gervel poussa un soupir profond et s'abandonna à de tristes réflexions. Laurent les respecta d'abord; puis, s'apercevant qu'il les prolongeait outre mesure, il lui rappela son projet d'aller présenter ses devoirs à mademoiselle Renal.

— Vous avez raison, lui fut-il répondu ; mais, n'en veuillez pas à un père qui donne une larme à l'enfant dont il ne peut perdre le souvenir. Il est cruel pour moi de voir qu'un homme d'aussi mince importance que l'est Renal possède deux beaux enfans et que les miens m'aient tous été ravis.

— Ils renaîtront dans mon noble capitaine.

— Oui, s'il avait voulu accepter une femme de ma main.

Laurent, voyant la persistance de M. de Gervel à se tenir dans sa première pensée, cessa une insistance pour laquelle un pouvoir puissant s'élevait dans le cœur du noble tuteur, et dont la force n'aurait bientôt plus besoin d'auxiliaire

XIII.

On peut prévoir le Dénoûment.

> Les gens honnêtes peuvent être malheureux ; mais la paix de leur âme les soutient au milieu des plus fortes épreuves.
> CHARRON, *de la Sagesse*.

En discourant ainsi, ils arrivèrent à la porte de la chambre de la jeune fille, et Laurent Rumin, qui continuait à faire les honneurs de la maison, se mit à annoncer M. de Gervel. A ce nom chéri et redouté tout ensemble, Lucie se leva tremblante et agitée ; elle laissa paraître sur sa noble physionomie l'inquiétude de son âme, et en même temps ses yeux se remplirent de larmes; elle se jeta aux pieds de ce tuteur de Louis, et y serait restée si M. de Gervel ne l'eût vivement relevée en lui disant :

— Ah! mademoiselle, on ne rend de pareils hommages qu'à Dieu ; je ne suis qu'un homme, et je les regarde comme punissables, tant sur ceux qui les permettent que sur ceux qui les accordent. Relevez-vous; nous sommes tous pécheurs.

En disant ces mots, l'étranger, joignant le geste à la parole, fit un mouvement prompt pour aider la jeune fille à quitter son humble posture. Ceci le contraignit à porter sur elle avec attention son regard préoccupé, et alors ses yeux et son cœur demeurèrent frappés de la ressemblance inconcevable existant entre sa femme défunte et mademoiselle Renal; il en reçut une telle impression, qu'il en demeura muet et qu'il prolongea son examen de manière à blesser la politesse ; il tarda peu à reconnaître l'inconvenance de son attention à contempler des traits qui lui en rappelaient de si précieux; et, en poussant un soupir profond, il ajouta à ce qu'il avait dit précédemment :

— Ne m'en veuillez point si mes yeux s'attachent si indiscrètement sur vous, vous me rappelez une dame qui me fut bien chère et que ses vertus, ses charmes, ses qualités incomparables me feront toujours regretter.

— Eh bien! monsieur, c'est en son nom, reprit Lucie, que je vous conjurerai de venir au secours de ma famille; on a arrêté mon père, et cela parce qu'il a cru agir en un cas de défense légitime. Il est innocent de tout ce dont on accuse le vil Gimont; prenez son parti, je vous devrai une reconnaissance dont le terme ne finira qu'avec ma vie.

— Ne doutez pas, répondit M. de Gervel dont l'agitation augmentait, car il croyait entendre parler sa femme défunte; ne doutez pas, dis-je, que moi aussi je ne désire vivement de me retrouver avec M. Renal. J'ai besoin maintenant qu'il m'explique un phénomène incompréhensible pour moi, provenant de cette bizarrerie sans pareille de la nature qui a voulu faire de vous le portrait réel de la duchesse de Mérange, et celui de Renal en personne sur les traits de la pauvre infortunée qui fut ma fille.

— Lucie, en apprenant le haut rang de l'interlocuteur, sentit à la fois s'éveiller son respect et sa suprise; ce fut du moins à ces sentimens qu'elle retrouva ce mouvement nouveau qui remplit son cœur. Cependant la qualification relevée que le tuteur de Louis avait accordée à sa femme surprenait celle-ci; et, afin d'en obtenir une explication prompte:

— Je croyais, dit-elle, parler au tuteur de M. Louis Marnaud.

— Et vous ne vous êtes pas trompée, lui fut-il reparti.

— Dans ce cas vous n'êtes point M. de Gervel?

— Pourquoi avancez-vous une pareille assertion, mademoiselle?

— D'après vous, monsieur; car, après avoir

avancé que je ressemblais à votre fille défunte, vous lui avez donné pour mère madame la duchesse de Mérange.

— L'ai-je dit? demanda l'étranger en souriant.

— Je l'ai positivement entendu.

— Dans ce cas, je vois la nécessité, ou de nier ce qui est, ou de vous porter à douter de ma véracité. Vous n'avez pas été induite en erreur, mademoiselle, je suis réellement le duc de Mérange.

— Alors qu'est donc Louis, puisque vous le qualifiez du titre de votre neveu? repartit Lucie dont le visage se couvrit d'une pâleur mortelle.

— Louis, fut-il riposté avec embarras et mécontentement, est un insensé qui se perd à cause de votre charmante figure, et j'espère que vous aurez plus de courage qu'il n'en possède, et que vous l'obligerez à renoncer... Je me perds, mademoiselle, au milieu de ce qui me préoccupe; pardonnez-le-moi, vous formez le portrait si vivant de la meilleure des femmes, de la plus supérieure surtout, que je ne peux m'empêcher de vous prêter son noble caractère et de vous croire capable de faire ce qu'assurément son âme généreuse aurait fait en pareil cas.

— J'avais manifesté le désir de connaître positivement, dit d'une voix tremblante la jeune fille, la situation réelle de M. Marnaud.

— Vous faites bien de me le rappeler, car auprès de vous je ne me livre qu'à une folle illusion, celle de vouloir que vous soyez ma fille : elle est si douce que j'en oublie tout le reste. Louis est en effet mon vrai neveu.... Ah! mademoiselle, ce geste, cette pose donnée à votre tête...

— Eh bien! monsieur le duc.

— Tout cela appartient à madame de Mérange; c'est d'elle que vous le tenez. Il ne se peut que le hasard produise des rapports tellement inconcevables. Louis est le fils unique de ma sœur, la marquise de Veldère; il sera mon héritier unique, et je possède une ordonnance royale qui, en lui transmettant mon duché-pairie, l'autorise à substituer mon nom au sien.

A cette révélation également inattendue et fatale, Lucie sentit un redoublement de pâleur couvrir son front; des soupirs, des sanglots échappèrent à son sein oppressé, et deux ruisseaux de larmes tombèrent sur ses joues, tandis que, tremblante et éperdue, elle levait faiblement au ciel ses bras qui tardèrent peu à retomber le long de son corps fléchissant; aussi M. de Mérange, car nous cesserons de lui donner le nom de Gervel, touché de cette douleur violente, s'approcha de la jeune fille, et la regardant tendrement :

— Ayez bon courage, dit-il, oui, bon courage, je ne suis plus le même homme que j'étais naguère à mon entrée dans ce château. Vous me rappelez d'une façon si déchirante, si complète, la fille ravie à mon amour par une Providence sévère! vous êtes d'ailleurs sa sœur de nourrice, et à ces titres je ne sais ce qu'il vous sera permis d'obtenir de ma faiblesse. Chère enfant ! je me figurerai retrouver auprès de vous l'ange réel que la mort m'a ravi.

Ce passage rapide du désespoir à l'espérance ajouta tout son poids aux émotions dont déjà Lucie était accablée ; elle se jeta sur les mains de celui qui lui parlait ; et, tandis qu'elle les couvrait de pleurs et de baisers :

— Oh ! monsieur, je vous en conjure au nom de cette fille qui vous fut si chère, ne brisez pas un cœur abattu en lui permettant de concevoir des pensées présomptueuses ! Non, sans doute, vous ne pourriez consentir que le sang infortuné à qui je dois le jour s'allie au vôtre ; que le nom souillé de Renal s'attache à celui si noble et si pur de Mérange !

— Vous outrez par pure délicatesse, et vous n'en êtes que plus estimable, repartit le duc ; par votre situation personnelle, vous appartenez à des parens dont la naissance manque d'illustration ; voilà tout. J'aurais, je l'avoue, souhaité mieux dans la femme du marquis de

Veldère ; mais vos vertus et cette folie à laquelle je mets un prix inestimable, combattent avec grand avantage contre ce que je vous permets de qualifier de préjugé.

— Non, monsieur, repartit la jeune fille dont l'énergie louable grandissait à mesure que l'interlocuteur lui manifestait un surcroît d'intérêt, je n'abuserai ni de vos bontés ni de votre correspondance ; ma situation est affreuse, je la connais dans toute son étendue ; elle est plus cruelle que vous ne le pensez. Vous m'avez jugée digne de monter jusqu'à vous, et je me flétrirais sans retour, si j'avais le vil égoïsme de vous faire descendre jusqu'à moi. Recevez la promesse solennelle que je fais en vos mains, en face de Dieu, de n'épouser votre neveu qu'après votre permission donnée volontairement ; et je me réserve le droit à mon désavantage de décider seule contradictoirement à ce que vous penserez en ce moment.

— Vous êtes une fille étonnante, répondit le duc de Mérange, une autre émanation céleste offerte à la terre en exemple aujourd'hui, et qu'un jour on adorera ! Ne vous flattez pas de me vaincre en générosité; ne serais-je pas heureux, lors même qu'en vous examinant à toute heure du jour, je me figurerai avoir recouvré cette fille tant chérie et tant regrettée.

En ce moment Laurent parut ; il tenait à la main une lettre à l'adresse de M. de Gervel, et la lui remettant :

— Monsieur, dit-il, l'union des méchans n'est jamais complète ; ces misérables que le crime unit, tardent peu à être disjoints par l'égoïsme. Cette femme que nous avons mise en prison, en vertu d'un mandat d'amener de M. le procureur du roi, demande à vous faire une double révélation ; elle a, m'a-t-elle dit, consigné dans cet écrit ce qui vous portera à lui accorder quelque croyance : elle désire surtout être admise en votre présence.

— Que me veut-elle ? s'écria impétueusement le nouveau duc de Mérange, qui, en même temps se tournant vers Lucie et puis vers le nouvel arrivé, lut à voix basse les phrases suivantes :

« Je sens combien je suis coupable ; je ne
« veux plus l'être, et du moins j'espère par la
« franchise de mes aveux acheter le pardon
« que je sollicite. Mes torts sont nombreux ;
« ils diminueront, je l'espère, en raison de
« ma sincérité. Prenez garde à vous, mon-
« sieur, et que, comme vous, M. le procu-
« reur du roi se méfie du lieu où il se trouve
« et des personnes qu'on amène, et dont il
« sera bientôt environné, ce sera toute une
« bande de voleurs déterminés. Renal, que
« vous croyez un honnête négociant en bijoux
« et en dentelles, est le fameux brigand Vin-
« cent Maltaire. On a sur son compte en An-
« gleterre, en Allemagne, en Espagne et en
« Italie, de meilleurs renseignemens qu'en
« France. Si on ne me met pas en jugement,
« si la liberté m'est rendue, aujourd'hui même
« je me présenterai comme témoin dans cette
« affaire solennelle, et les choses que j'appren-
« drai, les indications qu'on me devra, paie-

« ront ma rançon à haut prix. J'ai surtout un
« fait à apprendre qui, s'il était retardé ou
« dédaigné, compromettrait votre vie. Hâtez-
« vous donc, monsieur, de m'appeler auprès
« de vous ; j'attends votre réponse avec d'au-
« tant plus d'impatience qu'elle décidera de
« votre existence et de celle de M. le procu-
« reur du roi.

« Olivia Césarini. »

— Olivia ! Olivia ! se mit à répéter à diverses
reprises M. de Mérange qui ne s'attacha point
à contenir son étonnement ; la femme qui
égara votre frère serait-elle cette fameuse
courtisane italienne et de Florence particulièrement qui, l'an dernier encore, tenait le
haut rang à Paris, que, dans cette ville cor-
rompue, on accorde avec tant de facilité au
vice triomphant ? Mon cher monsieur Laurent,
allez la chercher, amenez-la ici sans retard,
nous sommes en position de tout recueillir.
Allez !

La surprise excitée par cette lettre inattendue et inopportune, avait tellement concentré sur un seul point l'attention de M. le duc de Mérange, qu'il l'avait détournée un instant de dessus mademoiselle Renal; mais lorsque le sous-lieutenant devenu fermier fut parti d'un pas rapide, et tout d'obéissance militaire et passive, les yeux de M. de Mérange se reportèrent vers Lucie... Ils la virent évanouie... A cet aspect et à la vue du désespoir sans borne qui éclatait sur sa physionomie, le duc appela au secours, et néanmoins sans oser perdre de vue cette infortunée. Elle avait entendu la lecture de la lettre d'Olivia ; car le duc, bien qu'il eût abaissé le son de sa voix, il ne l'avait pas assez couvert pour qu'on ne pût ouïr distinctement chaque mot. On doit juger de la nouvelle douleur dont Lucie devint la proie, lorsque, se voyant assurée d'épouser son amant, l'infâme Italienne venait de rompre à jamais cette espérance, en faisant connaître l'existence réelle de M. Renal.

Le duc lui-même, en acquérant la certitude de la profession infâme du père de Lucie, sentit son cœur se serrer. Toute alliance devenait impossible entre son neveu et une femme du nom de Renal. Ceci le désolait ; mais où l'honneur commande toute impression du cœur doit disparaître. Il n'y avait donc plus que des consolations à adresser, mais plus d'espoir à offrir. Se voyant donc dans cette conjoncture, il profita d'un flacon d'alcali volatil, qui ne le quittait jamais, pour retirer Lucie de son évanouissement profond ; et, lorsqu'elle en sortit, son visage était mouillé de larmes mêlées avec celles du duc.

— Monsieur, dit-elle avec tous les symptômes du désespoir et du délire, donnez-moi la mort, mais sauvez mon père ! Oui, il est coupable, je viens d'en acquérir la preuve funeste il y a peu de temps. C'était pour le sauver de la malice de Gabriel que je consentais au mariage dont votre présence m'a délivrée. Eh bien ! aujourd'hui, nommez le couvent où vous voulez que je me retire, et que je fasse profession. Je m'y retirerai ; mais sauvez mon père ! sauvez mon frère !.... monsieur, poursuivit-elle; la misérable qui demande à vous voir pour sacrifier sans doute mon frère, et pour le récompenser ainsi de l'amour qui l'a tant perdu, veut vous apprendre que dans les souterrains du château sont cachés en ce moment les hommes, tant de la suite de mon père que de celle de Gabriel. Je n'ai pas besoin d'elle pour vous le révéler. Faites faire des perquisitions avec prudence, et aucun ne vous échappera... Mais mon père ! monsieur.... je vous le recommande !

Ici un cri terrible, un cri déchirant échappa des lèvres de Lucie, qui, tombant de nouveau à genoux, malgré sa faiblesse, tendit des bras supplians à Louis : c'était lui qui entrait, conduisant Olivia défaite, humiliée ; mais, de son côté, il se montrait également la honte au front; et une pâleur sinistre décolorait son visage, sur lequel triomphait un désespoir amer ; il était facile de reconnaître la véhémence du coup moral dont son âme si pure était frappée. Le duc de Mérange, allant à lui, le serra dans ses bras pour lui prouver d'abord qu'il n'avait rien perdu de son affection et de son estime ; puis, s'adressant à ce noble jeune homme :

— Vous avez de grands devoirs à remplir, mon neveu ; montrez-vous-en digne ; songez au nom que vous portez de droit, au mien, qui vous appartient légalement ; vous n'êtes plus si obscur, Marnaud, mais bien le riche marquis de Veldère, héritier des titres, noms, domaines et armes de Julien-Honoré Louis, duc de Mérange, grand d'Espagne de la première classe, chevalier des ordres de France et de la Toison-d'Or.

— Et moi, s'écria Lucie, je suis la fille de Vincent Maltaire, dit Renal, prétendu marchand de dentelles et de bijoux, et en réalité capitaine d'une bande de voleurs ; telle est, monsieur le marquis, notre situation respective : elle nous dicte nos devoirs. J'espère que Dieu ne refusera pas ma personne, et je me donne à lui afin de rassurer monsieur votre oncle sur ma conduite future et d'en obtenir la promesse que, ni vous ni lui, ne livrerez mon père au bourreau !

— Folle ! ne put s'empêcher de dire Olivia qui acheva le reste en elle-même; folle! qui leur jette à la tête en plein cadeau ce qu'ils auraient acheté à prix d'or !

— Mademoiselle, dit le duc, vous êtes admirable, et malheur à celui dont la faiblesse ne vous apprécierait pas à votre valeur. Je ne suis pas assez généreux pour refuser votre sacrifice ; je l'accepte, mais je vous en dédommagerai en vous délivrant des inquiétudes que vous manifestez touchant votre père; oui, je le sauverai !

Olivia sourit malicieusement à ces dernières paroles, tandis que le procureur du roi dont M. de Mérange étudiait la figure avec anxiété, soupira et lança au ciel un regard tel que son interprétation était difficile, même pour un homme accoutumé à lire dans les replis du cœur humain. L'Italienne voyant qu'on faisait peu d'attention à elle, bien qu'elle étalât ses grâces maniérées, dit à son tour avec dépit :

— Je m'imaginais que M. de Mérange, après avoir lu ma lettre, en aurait apprécié l'importance, et qu'il m'aurait mandée non pour ouïr les extravagances de cette pauvre créature qui a besoin de douches, de bains et de repos, mais pour apprendre de moi des faits qui nous placeraient tous dans une situation particulière en délivrant ce royaume et l'Europe d'un scélérat aussi dangereux que Vincent Maltaire, connu ici sous le faux nom de Renal.

Une triple exclamation échappée aux trois personnes présentes annonça clairement à l'Italienne la part que chacune apportait à sa révélation. Lucie se retournant vers elle, y ajouta des reproches fondés sur l'amour que Jules lui portait; le duc témoigna combien peu il ferait foi sur des dénonciations inspirées par un vil sentiment de vengeance; le procureur du roi, seul et avec une fermeté menaçante, s'adressant à Olivia, lui dit :

— Parlez, mon devoir est de vous écouter ; monsieur le duc n'a aucun pouvoir, son action sur la justice est nulle ; seul je peux, dans l'intérêt commun, prendre provisoirement et provoquer de mes supérieurs des mesures à votre avantage... dites vrai, c'est l'essentiel: Des allégations ne me paraîtront point des preuves, et je punirai sévèrement des mensonges dont mieux que personne je peux apprécier le motif.

— Louis, s'écria Lucie désespérée, vous ne savez pas ce que vous demandez à cette créature abominable ; c'est mon père qu'elle veut charger pour me perdre à vos yeux.

— Mademoiselle, répondit Marnaud, je suis l'homme de la loi avant tout, que mon travail s'accomplisse, vous me verrez plus tard tel que je suis. Eh bien ! Olivia Césarini, qu'avez-vous à me dire ?

Olivia, remplie d'une joie furieuse, et hors

d'état d'apprécier la magnanimité de Louis, charmée tout à la fois de se venger du père, de la fille et de se sauver de la prison et des recherches minutieuses de la justice, répliqua soudain à la question du magistrat :

« Vincent Maltaire, fils d'un riche orfèvre, s'adonna dès son bas âge à la mauvaise compagnie; il vola le magasin paternel lorsqu'à peine il entrait dans sa seizième année. Il subit un emprisonnement dont la honte causa la mort à son père respectable. Dès qu'il fut rendu à la liberté, il rentra dans la carrière du vice et du crime. A vingt ans, on le citait parmi les filous les plus adroits. Arrêté plusieurs fois, il sut par son activité s'évader des cachots et toujours se montra de plus en plus avide du bien d'autrui; vos greffes sont pleins des détails de ses faits nombreux. Il se maria, et par amour se contint un peu de temps; il fit à cette époque partie, à titre de secrétaire en sous-ordre, de la maison de M. le duc de Mérange. Sa femme eut l'honneur d'être choisie pour nourrir la fille de monsieur, que je suis fâchée de n'avoir pas connue plus tôt. Dès la naissance de son premier enfant (Jules) et par calcul d'amour paternel, Renal changea sa manière de vivre; il ne vola plus aux environs des lieux habités par sa famille; il établit son camp à d'énormes distances, laissant le pays tranquille autour du berceau de ses enfans. Une raison majeure le détermina à se retirer du service de M. le duc de Mérange; il vint habiter Toulouse, où, sous le nom de son fils, il acheta une maison située sur la place des Pénitens-Blancs; et, plus tard, il acquit le château où nous sommes dont il fit la propriété de sa fille; se maintenant dans son système sagement combiné, ne volant guère que hors du royaume, il y était presque tranquille. C'était surtout en Espagne qu'il exerçait son industrie criminelle; et, il y est là bien connu sous un nom de guerre (outre celui de Renal) qu'il avait adopté. Tout occupé de ses vols, presque tous commis à main armée, il abandonna à eux-mêmes son fils et sa fille, ne voulant pas que l'un ou l'autre prît une profession qui augmenterait le cercle de leurs connaissances et qui les exposerait à mille désagrémens au jour inévitable où son *commerce réel* serait connu. Il en advint que Jules, n'étant pas surveillé, guidé, encouragé, s'abandonna aux excès du libertinage; qu'égaré par le vindicatif Gabriel Gimont, ou plutôt Eugène Rouland, il entra presque malgré lui dans l'association dont son père est le chef suprême. C'est ce commandement disputé par Gabriel et accordé du consentement unanime des brigands à Renal, qui enflamma contre celui-ci l'âme haineuse de celui-là ; elle en jura une vengeance éclatante : la perte de Jules et le malheur éternel de Lucie. Je devins nécessaire à l'exécution d'une partie de ce plan; il fallut donc m'y initier. J'y consentis sans peine, dégradée que j'étais par mon mari, véritablement petit-fils du roi de Corse Théodore. J'accédai aux fantaisies de Gabriel, il payait bien, et Jules me plaisait ; d'ailleurs nous nous emparâmes de sa personne au moyen de l'amour qu'il m'inspirait.

Mais, trop faible pour être coupable avec énergie, il fallut perdre du temps; et à peine si depuis son admission dans la troupe, il a une seule fois, non pris la part d'un vol, il en était encore incapable, mais veillé en sentinelle pour éclairer les alentours d'une maison dont Gabriel et les siens avaient crocheté la porte. Le désespoir dans lequel je le vis le lendemain de cette nuit décisive pour son avenir, me le montra ce qu'il était, faible, timide, pusillanime, ayant peur de sa conscience; en un mot, incapable de nous aider, et dangereux en conséquence des révélations qu'il pourrait faire. On décida qu'il serait expulsé de la troupe, on voulait sa mort, j'obtins qu'on se contenterait de son exil en Italie. C'était là que je devais le mener en même temps que Gabriel y entraînerait Lucie dont il avait fait la faute de devenir amoureux. Nous devions partir de ce château où la jeune fille fut amenée par une lettre fausse écrite au nom de son père; là, un prêtre allait bénir un mariage de conscience, lorsque

M. Renal parut inopinément; il en est résulté, qu'après une assez longue dispute entre Renal et Gabriel, le premier a consenti à rompre avec monsieur (Olivia désigna Louis) et à vendre sa fille au second. Ce marché allait être consommé, au moment où vous êtes tombés ici comme un coup de tonnerre; mais vous n'êtes point parus assez à temps pour vous emparer de l'élite de la troupe; elle consiste en une vingtaine de brigands qui sont à cette heure cachés dans les immenses souterrains de ce château. Vous pouvez les arrêter sans qu'un seul s'échappe; et, en les saisissant, vous rendrez non seulement à la France, mais à toute l'Europe un service tel, que les gouvernemens doivent vous en manifester leur reconnaissance. Je ne veux pour prix d'une telle révélation, que la liberté avec la promesse que je ferai de sortir du royaume pour n'y jamais plus rentrer. C'est le moins sans doute que je puisse espérer, et ma confiance en votre probité est telle, que je n'ai pas hésité à vous tout dire sur un simple engagement de votre part. Mais hâtez-vous, monsieur le procureur du roi, contraignez Renal, à vous signaler l'ouverture de ces caves dont il paraît que M. Laurent ne connaît pas l'existence, puisqu'il ne vous y a pas conduit déjà. »

XIV.

Elle provoque son Châtiment.

> Il est rare que le coupable ne détermine pas lui-même la chute de la foudre qui doit le punir.
>
> Restif-de-la-Bretonne.

Ce long récit, débité avec la véhémence de la haine, fut diversement écouté : avec une attention curieuse et interrogative de la part du duc de Mérange, avec le calme d'un magistrat qui pèse les moindres circonstances, bien qu'il souffre intérieurement, sans vouloir néanmoins que rien de son devoir en souffre, dût-il lui en coûter le bonheur de la vie, et avec un désespoir morne, une détermination ferme, un abandon total de la vie, de ses douceurs et par-dessus tout avec cette honte vertueuse qui se forme un supplice cruel des fautes ou des crimes d'autrui. Tout cela était vu par l'Italienne ; elle jouissait horriblement du mal qu'elle faisait ; et certes, si naguère Lucie l'avait traitée selon son mérite, la revanche prise en devenait affreuse. Que ferait la Providence pour que chacun fût accommodé selon ses œuvres? Olivia ne le prévoyait point, et triomphante à ce qu'elle croyait, la méchante relevait son front hautain, peu occupée de Jules dont elle ne soupçonnait ni la présence si rapprochée ni le plan de colère qu'il méditait en ce moment.

Jules, à qui on avait rendu la liberté ainsi qu'à Olivia, s'était trop bien persuadé de la gravité de sa situation pour ne pas chercher à s'en affranchir aussitôt que cela lui serait possible ; il avait par hasard trouvé sous ses pieds l'échelle de corde dont Gabriel, à la tête de sa bande, s'était servi pour rentrer dans Terclens; et, se flattant qu'elle aiderait à sa délivrance, il avait cherché à la dérober aux regards des gendarmes et des hommes de justice; et, dans son investigation, il était entré dans une sorte de cabinet obscur où en fouillant il découvrit un réduit à pli de corps, mais artistement accommodé, de manière à cacher pleinement un homme que, par la disposition des lieux, on ne soupçonnerait pas retiré en cet endroit; il en avait fait lui-même l'expérience sans tarder, car il s'y était maintenu, et de là écoutant, sans être aperçu, ce qui se faisait dans la chambre de sa sœur, avait entendu les diverses conversations que nous venons de rapporter.

Jules était ainsi hors des regards d'Olivia, lorsque celle ci, persuadée de son éloignement, car certes elle aurait parlé d'une autre façon si elle l'eût cru aussi proche, dévoila non seulement les crimes du père, mais encore l'instruction du fils dans la bande de Gabriel. La froideur qu'elle y mit, l'indifférence qu'elle manifesta pour le malheureux que ses conseils avaient conduit dans l'abîme, exaltèrent à tel point le jeune Renal qu'il mit la main sur son poignard, et qu'il s'en promit une prompte et cruelle vengeance; il s'agissait tout ensemble de la punir de ses révélations qui perdaient le chef des voleurs dont lui était le fils, et de ses perfidies envers un insensé qui, en lui sacrifiant son honneur, lui aurait abandonné plus que sa vie.

Souvent il fut près de céder à la colère qui l'entraînait à s'élancer sur cette femme et à la frapper en présence de Lucie; cependant, et pour ne pas aggraver la position des siens, il comprit qu'il convenait de mieux choisir son temps, où on ne pourrait pas lui enlever sa victime, et où le silence et la nuit couvriraient ce crime dont il s'obstinait à faire un acte de justice. La chose ainsi décidée, il attendit avec plus de calme la suite des événemens.

Olivia donc acheva paisiblement sa longue narration, nul ne l'interrompit ni ne lui fit aucune interpellation; ce n'est pas qu'on ne trouvât étrange et ce qu'elle disait et comment elle le disait; mais il fallait que rien ne la troublât, afin qu'il n'y eût pas de réticences dans une déposition dont chaque phrase était importante et amènerait peut-être à de hauts résultats.

Quand elle eut achevé, Lucie lui témoigna par des gestes d'indignation et de dégoût combien elle et son récit lui étaient odieux; mais l'Italienne s'en moquait, et ce n'était pas son suffrage qu'elle souhaitait, et elle éprouvait d'ailleurs une joie infernale à la pensée qu'elle déchirait deux cœurs à la fois. Louis prit à son tour la parole; il pressa l'Italienne d'une suite de questions concises, claires et propres à faire ressortir sa propre culpabilité. Malgré son astuce infinie, Olivia se laissa prendre à ce piége, et elle y était déjà bien avancée, lorsqu'elle reconnut sa faute; alors, rougissant de dépit et de mécompte, elle s'arrêta, et, d'une voix altérée, déclara qu'elle ne dirait pas un mot de plus, et qu'elle se repentait même d'en avoir autant dit.

— Et vous, monsieur, ajouta Lucie forte de la surprise qui se lisait dans les yeux du duc de Mérange, ne trouvez-vous pas que vous en avez trop demandé à cette femme? Est-ce en ma présence que vous devez interroger ses souvenirs ou exciter sa haine contre mon père? Ah! Louis, est-il possible que vous trouviez en vous tant de courage pour déchirer mon cœur et pour me montrer que vous ne m'avez jamais aimée?

— Mon neveu, dit M. de Mérange, il me semble en effet que vous eussiez pu choisir un autre lieu et une autre heure pour interroger madame.

— Il fallait, répondit le jeune magistrat, votre présence et celle de la prévenue ; je voulais tout ensemble connaître la profondeur de la culpabilité du père et l'innocence de la fille, pour séparer ces deux causes de tout l'abîme que la conduite de l'un a creusé entre eux. Maintenant que chaque situation est clairement dessinée, c'est à mon tour à me laver du reproche qu'on me fait. Non, chère Lucie, non, ne croyez pas que je cède à un préjugé rigoureux, et dont je ne m'arrêterai pas à discuter le juste ou l'injuste. Votre père est coupable, les lois le poursuivront; vous êtes, vous, la vertu sur la terre; eh bien! c'est à moi à la reconnaître et à l'apprécier. Je dépouillerai cette robe dont je me serai montré digne, et tous les deux ensemble irons dans une retraite écartée goûter en paix le bonheur de nous appartenir.

Un rayon de joie illumina à ces douces paroles le visage mélancolique de Lucie; celui d'Olivia, au contraire, se montra couvert d'une teinte pâle, fouettée de taches de sang, symptômes visibles de la torture à laquelle son âme était en proie. M. de Mérange, confondu par une déclaration si complétement inattendue, ne s'attacha ni à déguiser sa surprise ni à taire sa mauvaise humeur.

— Que faites-vous, monsieur Louis? dit-il. Est-ce à vous à imiter si mal le noble exemple que mademoiselle vous donne? Elle a bien voulu, par les conseils d'une magnanimité sans pareille, renoncer à ses droits sur vous ; elle vous a rendu votre parole ; vous n'avez dorénavant qu'à suivre son exemple, et non à chercher à troubler son âme dans le ferme et digne parti qu'elle a pris.

— Quoi! monsieur, repartit Louis avec un surcroît d'enthousiasme et de mélancolie, consentirez-vous à demeurer si au-dessous de tant de vertu? Quoi! j'accepterais un sacrifice qui, en lui donnant tout l'avantage de la victoire, ne m'en laisserait que l'humiliation ! Si mademoiselle, égarée par son héroïsme, se refuse à m'accorder sa main, je me maintiendrai dans mon droit que je fonde sur son consentement énoncé sans contrainte et sur celui de son père donné en un temps où il jouissait de l'estime, et où lui-même m'a remis le pouvoir qu'il avait sur elle!

— Voilà une étrange résolution, dit le duc.

Il allait ajouter autre chose ; mais un regard jeté sur Lucie arrêta la phrase qui allait sortir de sa bouche, et dont la jeune fille aurait pu s'offenser ; celle-ci, qui soupirait, et dont les pleurs, ruisselant sur ses joues, tombaient presque sans interruption, dit alors en faisant un effort violent sur sa propre volonté :

— Monsieur Louis, j'ai une grâce à solliciter auprès de vous, une grâce à laquelle j'attache une importance extrême, ce sera la dernière, oui, la dernière, entendez-vous !.... Je souhaite, monsieur le duc, me trouver seule un instant avec M. de Veldère ; je sais tout ce qu'a d'inconvenant ma demande, combien la pudeur de mon sexe en souffre ; mais il le faut, je vous en conjure, ne me refusez pas, et que monsieur votre neveu accède à ma prière ; je ne réclamerai plus rien de lui, lorsqu'il m'aura écoutée cette fois.

Le duc, étonné de plus en plus de la manière dont Lucie et Louis se conduisaient dans cette circonstance, charmé peut-être de ce que la jeune fille promettait en annonçant que ce serait la dernière fois qu'elle se mettrait en présence de son amant, ne crut pas devoir mettre obstacle à son désir ; et, sans lui répondre de vive voix, donna, par un salut respectueux, son approbation. Il se retira en même temps, et sortit par la porte la plus rapprochée de lui ; sa politesse exquise lui rendant embarrassans ses rapports actuels avec une femme qui, bien que la dernière de son sexe, avait encore à ce titre un droit à ses égards.

Olivia vit ce manége avec dépit ; elle aussi dut se retirer, bien que sa curiosité maligne eût payé cher de pouvoir assister à la scène qu'elle entrevoyait, et dont néanmoins il lui était impossible de prévoir les détails. Un rire sardonique errait sur ses lèvres décolorées ; et tout à coup se retournant vers Louis qui frémissait dans toute sa personne en rêvant au combat qu'il allait soutenir, elle lui adressa en chantonnant ces deux vers pris à je ne sais quel opéra :

> Bien profiter du moment
> Est le savoir de l'amant.

Un regard indigné de Louis répondit à cette

insinuation imprudente, et la contraignit à en rougir.

Lucie suivit la retraite arrogante d'Olivia ; et lorsque celle-ci eut fermé la porte, elle, se préparant à parler, se tournait vers Louis, lorsque celui-ci, la devançant, se mit à genoux devant elle, et, lui prenant les mains dans les siennes :

— O ma chère amie ! lui dit-il, seras-tu assez cruelle pour te refuser à mon amour ? Laisse-moi remplir ce que mon devoir a de rigoureux, et puis, disons un adieu éternel au monde. Dérobons-nous à la malignité, et, dans une terre étrangère, nous trouverons ce bonheur que celle-ci ne nous offre pas.

Il parlait avec véhémence, et Lucie pouvait facilement deviner l'étendue de sa tendresse ; elle en ressentait de la joie, et néanmoins son front demeurait sombre et soucieux, car elle comprenait la nécessité et la grandeur du sacrifice à faire ; alors elle répondit :

— Espères-tu que j'aurai moins d'amour que toi ? que je profiterai du tien pour te rendre malheureux pendant le reste de ta vie? Vois, Louis, la carrière qui s'ouvre devant toi! Jusqu'ici tu pouvais m'aimer; il m'était possible de répondre à ton attachement : tu étais un avocat obscur, et moi, la simple fille d'un marchand. Aujourd'hui, la position n'est plus la même; tu es appelé aux plus hautes fonctions, tu es un homme de qualité, tu as un titre, tu en auras bientôt un supérieur : tu seras pair de France; voilà ta part. La mienne est d'être la sœur d'un voleur apprenti et la fille d'un chef de voleurs... Tu frémis !

— Non, je m'indigne de l'injustice du ciel.

— Ne blasphème pas; adorons la Providence, soumettons-nous à ses décrets. Oui, un mariage entre nous est impossible; cesse d'y prétendre et ne me tourmente pas. J'ai voulu, en t'appelant à un entretien secret, ménager ta délicatesse, te vaincre plus facilement, cher Louis : nous aurions été trop heureux. Je me retirerai dans une ville où l'histoire de ma famille ne sera pas connue. Là, une maison religieuse deviendra mon asile, et si ton nom parvient à moi, environné de l'estime publique, je me croirai plus que payée du sacrifice douloureux auquel j'aurai consenti.

— Et c'est lorsque ma Lucie se montre supérieure à son sexe que je me rabaisserais! que je céderais à de vaines considérations! Non, ne l'espère pas! je saurai me rendre digne de tes sublimes vertus!

— Je ne peux être à toi! tu as instruit contre mon père un commencement de procédure; tu as provoqué contre lui la justice des hommes, et, en accomplissant ce devoir rigoureux, tu as élevé entre nous une barrière qu'il ne t'appartient pas de rompre!

Louis, à cette attaque à laquelle il ne s'attendait point, tressaillit; il parut chercher la réponse dans ses réflexions; et, à son tour, regardant Lucie avec des yeux remplis de tendresse, tandis que sur ses lèvres errait un triste sourire :

— Je ne croyais pas, dit-il, que le sophisme pût se loger dans cette tête charmante; je ne suis point coupable en faisant ce que j'ai fait, et tu ne le seras pas en te liant à moi par des liens indissolubles. D'ailleurs, pour te parler dans ta propre langue, puisque nous sommes tous les deux flétris, que doit nous importer l'opinion du reste du monde?

—Elle est pour moi souveraine et respectable. Je sais le poids dont elle pèsera sur toi dans sa rigueur à ton égard; et penses-tu que l'on ne te repousse pas avec affront de la haute dignité que te transmet l'adoption de ton oncle?

—Ne t'ai-je pas dit que j'y renonçais?

—En as-tu le droit? Peux-tu priver tes enfans de tous les avantages de leur naissance? leur prouveras-tu ton attachement en les plaçant, avant qu'ils viennent au monde, dans cette dernière classe, avilie par ses vices et ses crimes? Songe aux reproches qu'ils auront à t'adresser!

—Cruelle Lucie, dit Louis en frappant du pied le parquet en signe d'impatience, que tu es ingénieuse à me désespérer, à nous forger des obstacles au lieu d'employer toutes les facultés de ton âme à les repousser loin de nous !

— Je le fais parce que je t'aime plus que moi; si mon caprice triomphait, je cesserais ma résistance.

—Et moi, je persisterai dans la mienne ; tu m'appartiendras, car tu es déjà mon bien ; ton père t'a donnée à ton époux ; toi-même as ratifié sa promesse, tu ne peux plus maintenant combattre contre ce double engagement.

— Louis, dit alors la jeune fille égarée et en plein délire par le véhémence de son exaltation, et tandis que la rougeur au front elle se penchait dans ses bras afin de se mieux faire entendre, car à peine si elle pouvait prononcer les mots qui échappaient de sa bouche; Louis, tu crois que me posséder te rendrait heureux, eh bien, je m'abandonne à toi, dès lors tu renonceras à un hymen.... O mon ami !.... je me perds, je m'égare.... je m'immolerai s'il le faut dans ce que j'ai de plus cher, mais à condition que, satisfait de ce sacrifice, tu ne m'obligeras point à accepter le tien en pénible retour.

— Ange du ciel ! s'écria Marnaud en se relevant et en s'éloignant d'elle comme s'il se fût déjà rendu coupable par cela seul qu'il avait écouté l'étrange holocauste qui lui était proposé ; ange du ciel ! tu m'es très supérieure ; je ne saurais m'élever à la hauteur de ta vertu ; tu frappes mon âme, tu te montres digne de l'amour du monde entier, et tu veux que je m'arrête à de vaines considérations humaines.... ma faiblesse ne peut aller jusque-là.

— Je t'aimerai toujours, sois-en persuadé ; je serai heureuse si j'apprends que ta femme est belle, qu'elle est féconde : ce qui fait mourir de jalousie les autres maîtresses sera pour moi doux et précieux.

— Encore, encore, dit Marnaud dont les larmes à son tour coulaient avec abondance ; achève de m'anéantir, de me rendre le plus malheureux des hommes ; présente-moi sous mille aspects plus brillans les uns que les autres le trésor que tu veux que je perde tranquillement. Non, de par Dieu! cela ne sera pas, je ne céderai pas à un autre ce bien que tous paieraient si cher si on pouvait l'acquérir à prix d'or. Il est à moi, je le possède, je le garde, et aucun autre ne me le ravira.

En ce moment la porte par où le duc de Mérange était sorti fut ouverte, ou pour mieux dire poussée, car le duc, en s'en allant, ne l'avait pas fermée; aussi, malgré lui, ou de plein gré, avait-il entendu toute la conversation qui avait eu lieu entre ces amans extraordinaires; et lui-même, anéanti sous la sublimité de la jeune fille, arrivait enivré du même délire dont le charme pesait sur Marnaud. Ne sachant pourtant ce qu'il convenait de faire en pareille circonstance, mais poussé par cet instinct moral qui a tant d'énergie et de puissance :

— Mademoiselle, dit-il, tandis qu'il embrassait Louis, voici un jeune homme digne au moins de votre pitié, et qui veut vivre et mourir sous vos enseignes; il mérite de votre part quelques bonnes paroles, une de ces consolations que l'on ne refuse pas aux indifférens, et qu'à plus forte raison, on accorde à ceux qui en sont dignes.

— Ah! mon oncle, s'écria le noble enthousiaste, n'est-ce point que vous êtes vaincu par un si parfait caractère et que vous consentez à tout ce que j'ai promis à ce modèle de perfections ?

—Ne me donnez pas tant d'amour-propre, dit Lucie avec satisfaction; à vous entendre on me croirait une nymphe, une divinité; pauvre mortelle que je suis! faible et plus abattue qu'aucun de vous, laissez-moi combattre avec votre assistance, la victoire me sera facile, tandis que je souffrirai durement si je vous vois passer dans le camp ennemi.

Ici vint un nouvel interrupteur, le lieutenant de gendarmerie; il s'avança faisant le salut militaire, et s'adressant au procureur du roi, lui dit que la dame soumise à la surveillance, se prétendait libre en vertu d'une révélation qu'elle avait faite au magistrat et qui faciliterait la prise de vingt autres brigands environ.

Cette diversion si discordante replaça les deux amans dans leur position première. M. de Mérange ne put s'empêcher de dire à son ex-pupille:

— Faites votre devoir.

— Oui, lui fut-il répondu, et celui-là ne me sera pas le plus pénible.

XV.

Ils s'accusent.

> La haine que les méchans se portent réciproquement est supérieure à l'intérêt qu'ils auraient à se ménager.
>
> *Reflets de la Sagesse.*

Louis, sans trop savoir ce qu'il allait faire, sortit de la chambre de Lucie ; il avait besoin de respirer un autre air, celui-là pesait trop péniblement sur son cœur. L'héroïsme de la jeune Renal se montrait sous une forme surnaturelle ; il sentait la nécessité de se retrouver parmi des hommes ordinaires; il était cependant déterminé à ne rien rabattre de ce qu'il avait résolu, et il comptait pouvoir passer facilement des devoirs d'amant à ceux de magistrat, ou plutôt, dans son allucination sublime, il aspirait à l'impossible ; ainsi font les nobles âmes et elles restent étonnées lorsque la force les accable de ce poids, qu'à les entendre, ils soulèveraient avec tant de vigueur.

Lucie de son côté, le vit s'éloigner avec une triste satisfaction ; elle s'imaginait que la victoire lui serait facile à remporter. Dès qu'elle se trouverait seule avec le duc de Mérange, il aurait, à ce qu'elle présumait, les préjugés vulgaires, il lui serait odieux d'allier sa maison à celle d'un voleur ; et même, sans avoir besoin de ce moyen extraordinaire, verrait-il de bon œil le mariage annoncé entre une roturière et son neveu, lui issu de si nobles aïeux. La corde qu'elle espérait faire vibrer à son gré, était celle des préventions du monde ; aussi dès que le procureur du roi eut quitté le lieu, elle essaya de se précipiter aux genoux de M. de Mérange, bien qu'il ne lui en laissât pas le loisir ; et, d'une voix noyée dans des larmes et dans des sanglots, elle le conjura de venir à son aide et de ne l'abandonner ni à sa propre faiblesse, ni au fanatisme de son neveu.

—Que voulez-vous exiger de moi? lui fut-il répondu, consentirai-je à ravir à Louis le riche trésor que la Providence lui offre? m'enlèverai-je à moi-même ce prestige décevant qui me charme, qui fait revivre pour mon bonheur cette fille perdue pour mon éternelle infortune? Je sais bien ce que dira la société, de quelles épithètes on me chargera ; mais enfin vos vertus dépassent les exigences humaines ; le marquis de Veldère sera heureux avec vous.

—Oui, monsieur, pendant le premier mois peut-être, pendant la première année ; mais lorsque l'habitude aura déterminé la satiété, lorsque les réflexions se présenteront en foule, alors de quel œil vous verra-t-il, vous qui, en consentant à sa faute, l'aurez conduit à la commettre? Je vous en supplie, monsieur, montrez-vous plus ferme que lui, combattez pour son bonheur, et plus tard vous me remercierez du secours que je vous aurai apporté.

Le duc, au lieu de répondre, se mit à rappeler dans son imagination toutes les objections qu'il s'était faites naguère, à les reprendre l'une après l'autre, très étonné de ne plus leur retrouver cette véhémence, cette raison qui alors lui paraissait invincible ; mais un seul regard jeté sur Lucie le désarmait, et il ne pouvait renoncer à la joie que lui procurerait la présence permanente de celle si pareille à sa chère fille. Cependant Lucie le voyant incertain redoubla la vivacité de son insistance, lui parla si énergiquement au nom de l'honneur, lui traça d'une main si vigoureuse les antipathies du monde, les dédains, les exigences, lui fit si bien toucher au doigt les difficultés d'un pareil mariage, qu'elle acheva de le décider à se ranger de son bord, et à prendre l'engagement de la dérober aux désirs désordonnés de son amant.

La nuit prochaine on la ferait partir, en prenant la route de la montagne, par Revel et Seissac, pour aller se renfermer dans un couvent à Carcassonne, où on la recevrait secrètement, au moyen de la grosse dot qu'elle paierait, ce qui lui serait facile, non en profitant de la fortune polluée de son père, mais en n'employant que celle de sa mère, intacte de tout profit de brigandage, à ce qu'elle présumait. . Le duc, vaincu par la chaleur toujours croissante de ses prières, accorda à tout ce qu'elle demanda ; peut-être conservait-il une arrière-pensée de ce qui arriverait, des obstacles que son neveu mettrait à cette manière d'enlèvement.

La chose une fois arrêtée, Lucie fut impatiente de s'y mieux préparer ; elle pria le duc de se retirer dans son appartement, afin que Louis, en revenant, ne soupçonnât pas de complot formé entre eux contre son avenir ; il se conforma au désir de la jeune fille, regrettant que de si dignes vertus fussent aussi mal récompensées. Néanmoins, lorsqu'il se trouva en dehors du charme entraînant que Lucie répandait sur ses alentours, il se félicita de l'avoir trouvée si raisonnable ; il vit d'un regard plus ferme tout ce qu'une pareille union avait d'inconvenant, le tort qui en résulterait, moins encore pour les époux que pour les enfans à venir, qui, du jour de leur naissance, seraient souillés de la flétrissure de leur mère. Il admira la résignation sublime de celle-ci, et ne put s'empêcher de dire mélancoliquement :

— Ah ! si ma fille eût vécu aurait-elle possédé cette énergie si honorable ?.... Pauvre Lucie ! pourquoi ne m'appartiens-tu pas ?..... Mais cette ressemblance, poursuivit-il, avec ma femme, par quel jeu de la nature a-t-elle lieu ?...

Une pensée nouvelle, une lumière faible encore allait poindre à ses yeux ; il eût été possible qu'elle l'eût conduit à la découverte de la vérité, mais le jeune Laurent entra pour le prévenir que le lâche Renal, interrogé par le procureur du roi, consentait à faire connaître le lieu secret où il avait renfermé ses camarades, pourvu qu'on lui promît d'adoucir la rigueur de son jugement.

— Mon capitaine, poursuivit Laurent en faisant un amalgame singulier entre ses anciens souvenirs militaires et la position présente de l'ex-Louis Marnaud, mon capitaine hésite à prendre un engagement pareil, ignorant si le cas de cette promesse entre dans ses attributions ou les dépasse ; il tiendrait à prendre votre avis sur ce point important ; il vous conjure de venir jusqu'à lui, car lui ne peut quitter l'officier de gendarmerie, celui de la ligne et le prisonnier. Vous verrez en outre avec eux Gabriel, que vous ne serez pas fâché de connaître.

M. le duc de Mérange, dès le désir de son neveu manifesté, prit son chapeau et des armes, déterminé qu'il était à suivre Louis dans son expédition souterraine, et se dirigea, sous la conduite de Laurent, vers une salle du rez-de-chaussée où toute la compagnie l'attendait. Il y arriva, vivement agité de sentimens divers, et néanmoins ses yeux, dès son entrée, cherchèrent l'homme remarquable de la bande qui lui était inconnu ; ses regards le démêlèrent facilement à cause de la richesse de sa taille, de l'élégance de sa mise et surtout de sa beauté peu commune. Mais en outre un autre motif, un nouvel incident attirèrent sur lui son attention d'une façon plus particulière ; et, lorsqu'il l'eut examiné pendant quelques secondes :

— Quel est cet homme-là ? dit-il en désignant Gabriel du doigt à un gendarme qui gardait la porte.

— C'est Eugène Rouland, autrement Gabriel Gimont, monsieur ; c'est le plus rusé de la bande.

—Eh bien ! reprit le duc en élevant la voix et en avançant la main vers lui, cet homme m'a volé à Toulouse : ils étaient trois... et, Dieu me pardonne, cet autre garnement l'accompagnait.

—Le duc, en ce moment, avait regardé par hasard Reverchon, et les traits de cet autre voleur se retracèrent aussi dans sa puissante mémoire.

Cet incident étonna la compagnie; un murmure de surprise s'éleva de toutes parts; on admira comment la Providence employait des voies diverses et presque miraculeuses pour arriver à la manifestation des coupables. Le vil Charles Reverchon poussa un cri de désespoir et cacha son visage dans ses mains décolorées. Gabriel, au contraire, releva la tête avec encore plus d'arrogance qu'il n'en avait laissé voir jusqu'à cet instant, et un sourire dédaigneux erra sur ses lèvres.

Le procureur du roi, avant de poursuivre l'affaire pour laquelle il avait mandé le duc de Mérange, crut devoir et, avec raison, dresser un procès-verbal de la découverte qui venait d'être faite. Le duc, interpellé légalement, déclara que, s'approchant de Toulouse dans sa chaise de poste, il avait été arrêté inopinément par plusieurs hommes armés; l'attaque avait été si brusque qu'elle ne lui laissa pas le loisir de la défense; deux parmi ces brigands lui parlèrent plus particulièrement que les autres; l'un était Gabriel et l'autre Reverchon.

Ceux-ci, interrogés à leur rour, nièrent selon l'usage toute participation au vol; le duc ajouta que parmi les objets dont on l'avait dépouillé, il regrettait une montre de Julien Leroi, dont il décrivit la forme, ainsi que celle d'une chaîne d'or garnie de breloques élégantes. Mais, ajouta-t-il, ce que je regrette le plus, c'est une épingle de diamans renfermant un nœud de cheveux d'une fille que j'avais et que la mort m'a ravie.

A ces derniers mots, et tandis que l'attention générale s'attachait au duc de Mérange, Renal et Gabriel, en arrière de tous, échangèrent un signe d'intelligence.

— Je crois, dit le lieutenant de gendarmerie, qu'un bijou de ce genre a été saisi il y a peu de jours sur un des hommes de cette même bande; je me rappelle très bien l'avoir vu au dépôt du greffe. Quant à la montre, il se pourrait qu'elle se trouvât maintenant en la possession d'un de ces messieurs.

Le militaire appuya ironiquement sur cette qualification accordée à ces misérables, et en même temps il ordonna à l'un de ses subordonnés de se mettre en mesure de fouiller Charles Reverchon et Gabriel ; mais ce dernier, toujours avec l'effronterie dont il avait donné tant de preuves jusqu'à ce moment, arrêta d'un geste le gendarme.

— Ne vous donnez pas la peine de m'approcher pour ce fait ; voilà, monsieur le duc, cette montre à laquelle vous attachez tant de valeur. Je l'ai acquise par achat public au café Lissenson, à Toulouse. Le bas prix auquel on me l'offrit m'avait bien fait soupçonner quelque embarras dans son origine ; je vois maintenant ma faute..... Tout s'expliquera, au reste, plus tard.

Pendant ces divers colloques, M. Renal gardait un silence obstiné. Jusqu'alors on ne le soupçonnait pas de pleine connivence avec les voleurs, à part toutefois MM. de Mérange et de Veldère ; mais on commençait à s'étonner qu'il se refusât si opiniâtrement à conduire la justice aux lieux où Gabriel avait conduit ses complices. Il s'y était déterminé pourtant, à condition que sa grâce lui serait accordée pleine et entière. Le duc, consulté sur ce point, répondit que Louis ne pouvait prendre sur lui une pareille responsabilité; que, cependant, et appuyé du crédit de lui, Mérange, la chose aurait lieu; mais qu'avant tout, et afin d'éloigner tout soupçon de complicité, il serait convenable qu'il indiquât où l'on rencontrerait les brigands.

Cet homme sans vertu, et cédant à une crainte naturelle à ceux de sa classe, dit qu'il allait lui-même conduire les gendarmes et les soldats, espérant, ajouta-t-il, que le gouvernement lui saurait gré de ce grand acte de condescendance. Gabriel, le voyant ainsi déterminé, lui lança un regard de mépris et de haine, que Renal lui rendit; car, entre les méchans, il y a peu d'amitié et surtout de constance dans leur attachement... A l'instant précis où le groupe se mettait en marche, Gabriel, feignant d'ignorer quels nœuds attachaient Renal au procureur du roi, dit à celui-ci :

— Monsieur, je veux à mon tour aider à ma propre cause ; nul ici ne prend ma défense, et si une révélation peut m'être utile, je ne vois pas pourquoi je me refuserais à la faire.

— Il ne dira que des mensonges, s'écria Renal alarmé ; ne croyez pas un mot, monsieur le duc, de ce qu'il vous dira.

M. de Mérange, surpris que le maître du château s'adressât à lui plutôt qu'au magistrat supérieur, lui en fit l'observation. Gabriel reprenant la parole :

— Mon cher Renal, pourquoi hurler avant que l'on te frappe ? Sais-tu ce que je vais dire ? Patiente un peu, et ne va pas étourdiment réveiller qui ne songe pas à toi. Ce ne sera point à M. le duc que je m'adresserai, mais au procureur du roi, et je lui dirai : Monsieur, vous avez fait une capture très importante ; notre affiliation a deux chefs, le capitaine et le lieutenant... Le lieutenant, c'est moi ; le capitaine, c'est lui... oui, lui, en personne ;

lui, Renal, le propriétaire de ce noble château.

— Monstre ! s'écria l'interpellé dont la joie néanmoins parut évidente, à tel point il redoutait une autre révélation; monstre ! peux-tu mentir avec autant d'impudence?

— Il dit la vérité, repartit à son tour Reverchon.

— Oui ! tu es notre capitaine, se mit à dire Lottier; et moi, messieurs, je suis l'aumônier de la troupe, car nous sommes de bons chrétiens.

Je ne pourrais exprimer la stupéfaction et le désespoir de Louis de cet aveu qui l'écrasa; le duc de Mérange, non moins que lui, parut accablé, et il en regarda Gabriel avec un redoublement de colère, dont celui-ci, toujours impassible, se tourmenta peu.

Les officiers présens, les gendarmes témoignèrent leur étonnement; Laurent Rumin manifesta par le renversement de ses traits le chagrin que cette affreuse nouvelle faisait naître dans son âme. Il sentit en même temps comme un remords d'avoir, par sa précipitation, provoqué tous les événemens de cette journée.

— Qu'on le fouille, dit Gabriel en désignant Renal ; on trouvera dans ses vêtemens de quoi justifier ce que j'avance.

Les gendarmes demandèrent par un signe au procureur du roi la permission de procéder à cette recherche ; le magistrat, hors de lui, ne savait que faire, qu'ordonner ; plus on avançait, et plus de pénibles incidens ajoutaient au dédale dans lequel on marchait. Jusqu'alors la culpabilité de Renal était demeurée en secret parmi ceux qui avaient intérêt à la taire ; maintenant, la perfidie d'un complice la rendait publique, et en même temps élevait un nouveau mur entre le marquis de Veldère, le neveu d'un duc et pair de France et la fille d'un voleur. Le méchant qui creusait cet écueil en connaissait la profondeur ; car, se tournant vers Louis, et sans néanmoins paraître s'adresser à lui, il dit :

— En songeant à mon avantage, j'aurai

peut-être nui aux tendres sentimens d'autrui ; mais, dans cette vallée de misère et de larmes, on ne peut se retourner sans blesser quelqu'un, sans heurter une affection ; que sais-je ?.... On a heureusement de belles fiches de consolation, et on ne s'amusera pas à me disputer une fille flétrie.

Louis, à cette attaque directe et cruelle, lança au misérable Gabriel un regard si terrible que son impudence en fut confondue ; il éprouva la puissance de cet empire que la vertu prend sur le vice, et que révèle un geste, une parole qui atteint au cœur plus sûrement que ne le ferait un dard aigu ; cependant, il tarda peu à retrouver son effronterie, et cette fois parlant directement à la gendarmerie :

— Allons, messieurs, retournez les poches du camarade, vous y trouverez de quoi vous dédommager de vos peines.

— Que requiert, monsieur le procureur du roi ? dit le commandant de la force armée.

— Que l'on cherche à découvrir la vérité, n'importe de quelque façon que ce puisse être.

— Renal, dit avec une joie féroce Gabriel triomphant, tu n'es pas heureux en gendre; l'un te dénonce, et l'autre te conduira à ce qu'entre nous on désigne par le terme d'argot de *l'abbaye de monte à regret.*

La foule, qui, à l'autorisation donnée par Louis, s'était précipitée vers Renal, soit pour exécuter l'ordre du chef, soit pour voir ce qu'on trouverait sur cet homme, y portait trop d'attention, mue qu'elle était par une curiosité avide, n'entendit pas l'odieux sarcasme de Gabriel; il blessa le cœur de Louis, et il causa un vif chagrin au duc de Mérange qui en acheva de prendre en détestation ce scélérat déhonté.

XVI.

Premier Châtiment.

> Le crime est tôt ou tard puni.
> *Morale des Orientaux.*

On ne trouva, comme Gabriel l'avait annoncé, que trop de preuves de la culpabilité de Renal dans les objets que celui-ci cachait dans les parties diverses de ses vêtemens : un poignard en forme de stylet, des pinces, des limes fines, plusieurs rossignols propres à ouvrir toutes les portes, une scie de poche admirable par sa trempe et par sa petitesse, une échelle de soie, deux flacons de vermeil remplis d'une liqueur somnifère, une autre qui, analysée, se montra un poison actif, divers passe-ports chargés chacun d'un nom différent et néanmoins se rapportant tous à un signalement unique, enfin une liste en caractères de convention qui, déchiffrée par des gens habiles dans cette sorte de travail, donna les noms de tous les membres de cette association des clercs de Saint-Nicolas, leur demeure respective, les lieux et les signes de rassemblement.

C'était sans doute, comme on l'a dit ailleurs, au-delà de ce qu'il fallait pour perdre Renal et pour détruire sa troupe, puisqu'enfin on savait où aller la prendre et de quels brigands elle se composait. Qui aurait à ce moment examiné avec une attention suivie Gabriel lui-même, se serait convaincu du vif dépit que lui inspirait l'étendue de cette découverte ; peut-être que s'il en eût pressenti tout ce que le pouvoir en retirerait, il ne l'eût pas provoquée, car elle retomberait autant sur lui que sur Renal. Celui-ci, accablé, n'avait ni soupir ni propos, ni repartie propre à sa défense ; il laissait grossir ce faisceau de présomptions convaincantes, et regardait d'un œil stupide chaque pièce dont la saisie arrachait une exclamation de contentement aux gendarmes et au reste de la compagnie.

Enfin lorsqu'il ne resta plus aucun repli de sa redingote, de son gilet, de sa ceinture de soie à examiner, il demanda d'une voix éteinte ce que l'on exigerait de lui dorénavant.

— Mais, dit l'un des hommes de l'escorte, il reste à complimenter un certain nombre d'honnêtes gens auxquels vous avez accordé asile dans les caves de votre château, de ce château qu'il sera bon de mettre en séquestre, et où MM. les sous-préfet, président, procureur du roi et autres fonctionnaires de l'arrondissement de Ville-Franche viendront *faire les vendanges,* en attendant qu'on le vende pour payer les frais et l'amende qu'on vous imposera.

— Monsieur Duron, dit Louis sévèrement, la délicatesse et la loi ne permettent pas envers les prévenus cette froide ironie.

— Monsieur, ajouta Renal qui retrouvait une partie de sa vivacité, laissez-le mâcher à vide; je sais bien qu'il s'imagine déjà profiter des récoltes de Terclens en forme de cadeaux du fermier séquestré à sa famille; mais ce joli rêve se dissipera lorsque je lui apprendrai que *mon* château n'est pas *mien*, qu'il n'appartient même pas à mon fils; il est la propriété de ma fille, c'est la représentation de la dot de sa mère : je n'y avais d'autre droit que celui de tuteur naturel.

Reverchon échangea une grossière plaisanterie en retour de celle qui avait provoqué cette réponse avec le lieutenant de gendarmerie; ce dernier, piqué à la manière des petits esprits, s'en revengea en dirigeant les pas de Renal vers ces voûtes écartées où les subordonnés étaient sans doute impatiens et inquiets de ne pas le voir revenir. Renal comprit cette fois qu'il fallait se soumettre à sa destinée ; et, persuadé que sa perte était consommée, se livra à cette rage que le crime seul inspire à ses complices ; et, puisqu'il ne pouvait se sauver, du moins il espéra de pouvoir faire partager son sort à ses amis en les enveloppant dans la même ruine.

On alluma des torches, des lanternes et plusieurs lampes ; on improvisa une illumination souterraine au moyen de divers feux de bois menus, que l'on alluma dans les premières caves ; à mesure qu'elles étaient parcourues dans leur immensité, on atteignit un dernier caveau qui paraissait n'avoir aucune issue. Ici on s'arrêta, et tous les regards s'attachèrent sur Renal ; il paraissait indécis, on le voyait se livrer un rude combat à sa propre conscience. Il hésitait : on eût dit que son âme touchait à son moment solennel.

— Eh bien ! mon cher ami, lui dit familièrement l'officier de gendarmerie qui paraissait avoir pris la direction de cette visite domiciliaire, attendu que le procureur du roi, non moins abattu que le coupable lui-même demeurait à quelque distance, appuyé sur le duc de Mérange qui l'encourageait, l'exhortant à se soutenir; eh bien! Renal, voici, je présume, le moment décisif. Il doit y avoir ici quelque jolie trappe à faire jouer ou une porte de pierre qui, tournant sur un pivot, nous laissera le libre passage pour aller visiter les honnêtes gens qui ne s'attendent pas à me voir. Allons, un coup de main; faites de bonne grâce ce qui ne peut plus être retardé.

Renal, toujours immobile, ne répondait pas, et le silence que gardait le reste de la compagnie avait quelque chose de mystérieux et d'effrayant; il y avait là deux brigades de gendarmerie avec leurs supérieurs, un détachement de trente dragons commandés par un officier très soigneux de faire voir qu'il n'était là qu'en vertu d'un mandat supérieur, et que son autorité toute passive n'exercerait du pouvoir que dans le cas d'une rebellion à main armée; en arrière venaient le sous-lieutenant

Laurent Rumin avec les hommes de la ferme, curieux d'assister au dénoûment de cette scène, et honteux néanmoins d'avoir si souvent donné le nom de maître, comme c'est l'usage dans le pays, à un chef de voleur.

Un dernier groupe était composé du procureur du roi, d'un huissier, d'un greffier amenés de Ville-Franche, du duc de Mérange et de son secrétaire, de Gabriel enchaîné et sur lequel deux gendarmes veillaient en ce moment; ce dernier dit au duc :

— Monsieur, n'y aurait-il pas sur la terre un bonheur ou un plaisir que vous puissiez désirer, et pour l'obtention duquel vous ne refuseriez ni une forte somme ni tout autre genre de haute récompense ?

Le duc, indigné de l'audace familière de ce scélérat qui le portait à lier avec lui une nouvelle conversation, se recula de quelques pas, vint à Louis; et, le prenant par le bras, l'entraîna à l'écart en lui disant :

— L'insolence de ce méchant garnement

m'est odieuse! Hâtez-vous de nous délivrer de sa présence.

— Je ne m'appartiens plus, répondit Louis d'une voix altérée; il faut conduire à fin cet incident si funeste de ma vie... Mais pourquoi se tait-on en avant de nous? que se passe-t-il donc de ce côté?...

Il achevait quand tout à coup on entendit partir plusieurs coups de fusils auxquels d'autres répondaient; les balles sifflèrent, des cris de mort, des vociférations de rage, des hurlemens de désespoir se confondaient; les voix de deux officiers commandant l'attaque, tant aux gendarmes qu'aux dragons, s'élevèrent par-dessus le tumulte de la mêlée. Les deux hommes qui gardaient Gabriel tournèrent contre son cœur leurs baïonnettes; aussi, bien qu'il fût vivement ému, il se contint immobile. Pendant ce temps, le marquis de Veldère avait embrassé le duc de Mérange, comme pour lui faire un rempart de son corps; mais le duc, l'ayant repoussé avec énergie, lui dit:

— Y songez-vous? marchons, mon neveu:

il est honorable à des gens tels que nous de prêter main-forte à la justice aux prises avec des brigands.

Le duc ne songeait pas qu'il était désarmé ; lui et Louis précipitèrent leur marche ; et, malgré le péril évident, ils arrivèrent au lieu d'où, dès que Renal avait ouvert une porte artistement cachée dans la muraille, la fusillade était partie. Les voleurs, soit qu'ils eussent envoyé à la découverte, soit qu'ils eussent écouté le dernier et imprudent colloque du gendarme avec Renal, avaient commencé l'action avec vivacité ; elle fut meurtrière, la riposte ayant été non moins prompte. Les militaires, se précipitant sur les agresseurs, tardèrent peu à pénétrer dans une cave aux dimensions gigantesques, et à s'emparer de ceux des brigands qui n'étaient pas restés morts des suites du premier combat, qui avait coûté la vie à deux gendarmes, à leur officier qui parlait alors à un dragon, et au milieu d'eux on trouva atteint de plusieurs balles le capitaine des voleurs Renal, étendu raide mort ; c'était la meilleure fin qui pût lui advenir ; elle le délivrait du supplice, et sauvait à sa famille la flétrissure d'un jugement criminel.

On fut long-temps, au milieu de la confusion inséparable d'une pareille scène, à en apprécier, à en constater les effets. La troupe, justement irritée, avait fait peu quartier aux brigands, véritables assassins dans cette circonstance. Un petit nombre, ai-je dit, avait échappé au sort qu'il méritait. Ce fut alors que le marquis de Veldère et le duc de Mérange se félicitèrent d'avoir échappé à ce trépas qui frappait au hasard. Le duc s'aperçut que son neveu était blessé ; une balle avait effleuré son bras droit, et Louis, dans la chaleur de l'action, ne l'avait pas sentie.

On se hâta de sortir de ces voûtes funestes. Le peu de prisonniers qui restait fut garrotté soigneusement et conduit sur-le-champ à Revel ; on ne trouva dans leur nombre ni Lottier, le prêtre impie, ni Reverchon ; ils avaient succombé, frappés par la première décharge de leurs amis : ce fut la juste récompense de la vie désordonnée à laquelle ils s'étaient livrés.

Gabriel, au milieu de cette confusion inexprimable, craignant la juste vengeance des vainqueurs, avait supplié ses gardiens de l'emmener promptement hors du champ du combat; ceux-ci, par commisération, y consentirent; et, plus tard, lorsque ses complices furent envoyés à Revel, il dut les suivre. Vainement, dans ce moment, demanda-t-il qu'on le fît parler au duc de Mérange; sa prière ne fut pas écoutée, et le terrible *væ victis* (malheur au vaincu) pesa sur lui de toute sa rigueur.

Le bruit de la mousquèterie parvint imparfaitement aux oreilles de Lucie; elle n'y fit d'ailleurs aucune attention, trop préoccupée de son infortune, et attendant avec une impatience douloureuse la venue de cette nuit qui la séparerait sans retour de son amant. Le duc d'une autre part tenait conseil avec Louis sur ce qu'il fallait faire; celui-ci, plus que jamais déterminé à épouser Lucie, lorsque surtout la mort de Renal terminait à son égard toute poursuite judiciaire, fut le premier, sans soupçonner le plan arrêté entre son oncle et sa maîtresse, à demander à celui-là d'amener Lucie hors de Terclens.

— Faites-lui entendre, dit-il, que l'on va mettre le scellé partout ici, que son père sera conduit à Toulouse, et que, le jugement n'ayant pas lieu avant plusieurs mois, il est convenable qu'elle passe ce temps dans une maison pieuse dans une ville des environs.

— Soit! dit le duc, je me chargerai de ce soin, mais à condition que je paraîtrai l'enlever à votre tendresse. Si je n'agis pas ainsi, et si vous prenez congé d'elle, comment lui cacherons-nous votre blessure? et si elle la voit, certainement elle s'inquiétera de son père, voudra qu'on la conduise à lui, et appréciez la scène désespérée qui en adviendra!

Ceci était si plausible que Louis fut contraint, malgré la résistance apportée par son amour, à consentir à ce qu'exigeait son oncle;

ce ne fut pas néanmoins sans verser des larmes sur une séparation qui, bien que momentanée, pesait péniblement sur son cœur; enfin, la raison l'éclairant, il se résigna, et recommanda au duc l'infortunée Lucie, tout autant qu'il aurait pu faire dans le cas où, par un caprice de la destinée, elle eût resté seule aux mains d'êtres indifférens à son sort.

Le duc, satisfait de la victoire que lui aussi venait de remporter, quittait à peine son neveu, lorsque Jules se présenta devant celui-ci. Jules avait entendu mieux que Lucie la fusillade; et, présumant ce que cela pouvait être, il était sorti de son asile momentané, afin de mieux s'instruire de ce qui se passait dans le château; il avait rencontré Laurent qui, avec des ménagemens, lui avait appris le terrible événement qui avait eu lieu dans les souterrains.

La nouvelle de la mort de son père fut douloureuse au cœur de Jules, bien que ce père n'eût que peu cherché à se faire aimer de ses enfans; sa vie, passée toute en dehors de sa famille et la profession coupable à laquelle il se livrait, avaient relâché ces nœuds de tendresse si naturels et si doux; en délaissant ses enfans, il les avait exposés à se perdre, et Jules l'accusait en secret de sa perdition. Cependant, cette fin sanglante et presque sous les yeux de son fils, imprima dans l'âme de celui-ci une mélancolie profonde, mais sans le détourner de la pensée de vengeance qui l'occupait.

Louis, en le voyant, vint à lui, l'embrassa, mêla ses larmes aux siennes, et puis lui conseilla de sortir précipitamment de la France et d'aller à l'étranger chercher un travail honorable; il lui fit observer que la bande de voleurs dont son père faisait partie n'était pas complétement détruite. Gabriel, Hilaire, Robert et plusieurs anciens camarades de Jules se trouvant sous les mains de la justice, pourraient, par jalousie, le dénoncer au procureur général, et que si l'autorité supérieure était instruite de son affiliation à ces misérables, certainement on le poursuivrait.

— Je sens, répondit-il, ce que votre remontrance a de sage ; il convient en effet que je m'éloigne ; le puis-je sans passe-port qui me permette de voyager à l'étranger ?

Cette objection frappa Louis ; il pensa que le crédit du duc de Mérange pourrait obtenir du ministre des affaires étrangères ce que Jules souhaitait ; mais il ajouta qu'en attendant, il convenait que le jeune homme changeât de nom et de pays ; que, cette même nuit, il partît pour Ville-Franche, où lui, Louis, allait revenir ; que là, il lui faciliterait la remise d'un passe-port provisoire, sous sa garantie et celle de son oncle, avant que le bruit se fût entièrement répandu dans ce chef-lieu des événemens qui se seraient passés dans l'enceinte des murs du château de Terclens.

Le procureur du roi s'attendait à ce que Jules fît une démarche en faveur de l'Italienne ; en effet, Jules, en hésitant, et tandis que son front se couvrit d'une rougeur violacée, et qu'il abaissait ses paupières afin de cacher le nouveau sentiment qu'il craignait que ses yeux manifestassent trop, dit d'une voix émue s'il ne serait pas possible qu'Olivia lui fut confiée.

— Est-elle directement accusée? demanda-t-il, ou bien n'est-elle que sous une prévention de complicité?

— Cette femme, répondit Louis, est bien coupable! la loi doit peser sur elle. Amie de Gabriel, initiée dans tous les secrets de la troupe, elle mérite une juste punition! Et vous, Jules, est-il convenable que votre intercession cherche à la dérober au châtiment qui l'attend?

— Je l'aime, repartit le jeune homme en faisant des efforts pour prononcer ces deux mots.

L'expression qu'il leur donna parut extraordinaire à Louis; mais trop de choses l'occupaient pour qu'il pût donner à de simples paroles l'attention qu'elles méritaient : il se contenta de chercher à dissuader Jules de songer encore à cette femme. Jules, que la contradiction enflammait, loin de suivre les avis du magistrat, insista avec une nouvelle véhémence : elle fut vaine, Louis Marnaud ayant disparu complétement pour faire place entière à l'homme public, au procureur du roi. Cependant, comme on devait à Olivia la découverte des brigands renfermés dans les souterrains, et que ce service méritait récompense, Jules obtint la certitude que sa maîtresse, sans être jugée, serait bannie du royaume.

— Je pourrai donc la voir libre, dit-il, c'est tout ce que je désire. Il réclama alors la triste faveur de présider à la sépulture de son père, et ceci lui fut accordé sur-le-champ.

XVII.

Conclusion du Châtiment.

> Les méchans mettent à se détruire entre eux encore plus de véhémence qu'à poursuivre la vertu.
>
> *Recueil des Maximes.*

Le lendemain de cette fatale journée dont le souvenir ne s'éteindrait pas sitôt dans la mémoire de habitans du lieu, on apprit que vers le milieu de la nuit, et prenant la route de la montagne, mademoiselle Lucie était partie de Terclens sous la conduite du duc de Mérange, sans qu'on sût vers quel pays l'un et l'autre se dirigeaient. Le jeune frère de cette fille si malheureuse n'avait pu obtenir de la voir et de l'embrasser lui-même ; dès que les premiers rayons de l'aube eurent brillé dans le ciel, il conduisit dans la dernière demeure, au cimetière prochain de la paroisse, la dépouille mortelle de son père, qui, ayant échappé à la justice des hommes, devait en ce moment supporter celle si rigoureuse de cette autre vie où toutes nos actions sont pesées au poids d'une impartialité rigoureuse, et puis, sans rentrer dans le manoir, sans se retrouver avec aucun de ses habitans, lui aussi, en la compagnie du sous-lieutenant Laurent, dont la conduite était si digne d'éloge, monta à cheval et se dirigea sur Ville-Franche.

Peu de temps après, les scellés ayant été mis conformément à la loi, où il était convenable de les poser, on vit sortir de Terclens M. le procureur du roi de l'arrondissement, l'officier des dragons et ceux qui avaient survécu à l'attaque sanglante des souterrains ; ils conduisaient avec eux le corps du vaillant officier de gendarmerie, et ils l'escortèrent jusqu'à Revel, où les honneurs funèbres lui furent rendus. De là, et sans passer par Ville-Franche, et en prenant la route de Saint-Julien, de Caraman, Lanta et Préserville, ces mêmes personnages rentrèrent à Toulouse, et à leur suite on faisait marcher les brigands arrêtés les armes à la main.

Gabriel, qui ne se trouvait pas dans ce cas périlleux, avait dès le premier moment demandé la faveur d'un entretien secret avec M. le duc de Mérange; son désappointement fut extrême, lorsqu'il apprit que le duc était absent, qu'on ne savait ni en quel lieu il se retirait, ni l'époque de son retour. Dans cette occurrence, Louis, marquis de Valdère, reçut un billet de Gabriel, où celui-ci disait que : « possesseur de papiers de la plus haute importance, il tenait à les remettre uniquement dans les mains du duc, auquel en même temps il révélerait un mystère dont la connaissance procurerait à ce seigneur une joie si parfaite que, dans ce moment, et sans son concours, à lui Gabriel, il ne pouvait la concevoir. »

Cette allégation, comme on peut le présumer, piqua vivement la curiosité de Louis; il se hâta d'expédier l'écrit à Carcassonne, où le duc séjournait, afin de rendre à Lucie sa position moins pénible; il en advint de cette intime fréquentation que chaque jour M. de Mérange s'attacha davantage à la nouvelle pupille, et que, témoin permanent de ses qualités précieuses, de ses vertus sans pareilles, il comprit dans toute leur étendue la vivacité des sentimens de Louis. A la réception du billet de Gabriel, lui aussi éprouva un vif désir de connaître ce qu'un pareil misérable pouvait lui vouloir; et, après s'être engagé auprès de Lucie à peu tarder à venir la rejoindre, il partit précipitamment.

Dès que la marquise de.... sut Louis de retour, elle l'envoya complimenter, et ce fut la vicomtesse de Valgagnac qui, contre les convenances, se chargea de cette mission; sa présence embarrassa Louis qui, d'une voix gênée,

lui demanda des nouvelles de sa belle nièce ;
c'était la question que l'intrigante attendait ;
aussi parlant soudainement du repos :

— Ah! ma pauvre Hélène! dit-elle, son infortune n'a pas de terme, et dans ce moment elle verse des larmes sur le penchant funeste qui la domine, qui cause son désespoir et le mien à la fois.... Quoi! monsieur, êtes-vous si peu désireux d'être instruit de la cause de ses ennuis, cela n'est pas galant, lorsque surtout vous jouez un rôle majeur dans l'histoire de cette passion fatale!

Louis comprit facilement le danger où le jetterait une réponse quelconque, il demeura en un plein silence, ce qui blessa et contraria la vicomtesse.

— Je vois bien, reprit-elle, que par excès de modestie, vous ne voulez pas entendre à demi, qu'il faut nommer les choses par leur nom, c'est une rude tâche néanmoins et en raison de l'attachement que je porte à ma nièce, je l'accomplirai. Apprenez...

— Madame, dit Louis précipitamment,

permettez à mon tour que je vous interrompe. La bienveillance que vous paraissez me vouloir porter, vous fera apprendre avec plaisir mes engagemens d'honneur pris avec mademoiselle Lucie Renal.

—Bon, quel conte! reprit la vicomtesse en se mordant les lèvres. A qui pourra-t-on faire accroire que vous, homme de qualité, procureur du roi à Ville-Franche, neveu du duc de Mérange et son héritier en vertu des nœuds du sang, épouserez la fille d'un voleur? Ce mariage est infaisable. Ignorez-vous dont vous sortez? Si la bizarre retenue de votre oncle vous tait encore ce fait, je vais vous le révéler. Vous êtes le marquis de Veldère; votre mère est la sœur du duc de Mérange; votre père, mort lieutenant-général et cordon rouge, ayant mangé la meilleure partie de sa fortune et rendu ses alentours très malheureux, inspira par sa conduite désordonnée à votre oncle, nommé votre tuteur, la fantaisie de vous élever dans la médiocrité; pour cela, il changea votre nom et vous imposa celui de Marnaud, qui appartient à une de vos terres, puis vous fit élever à l'écart. Le succès couronna son plan ; votre mérite se développa au collége et plus tard à l'armée et dans le barreau. Lui-même s'affubla du nom de Gervel, sous lequel il vous écrivait et qu'il eut la fantaisie de continuer à porter dans Toulouse, où, d'une autre part, il était un peu plus connu que le loup blanc. Vous ressouvenez-vous de ma surprise, lorsqu'à notre première entrevue, je le nommai de son nom et de son titre, et la scène plaisante qui s'ensuivit ? Vous êtes son héritier ; il est immensément riche, vous le serez considérablement de votre chef, si jamais on accorde les indemnités dues aux étrangers ou ayans-cause. Voilà votre vrai sort ; maintenant admettra-t-on la possibilité folle d'un mariage entre vous et une femme flétrie, lorsque d'ailleurs les meilleures maisons de la province et du royaume aspireraient à vous admettre dans leur sein ? Les Valgagnac remontent presque au déluge et un peu plus haut si on cherche bien... Plaisanterie à part, nous sommes de la vieille roche; ma nièce unit à une haute naissance du côté de père et de mère tant de charmes, de qualités positives et de si belles espérances de fortune, que certainement vous ne balancerez pas entre elle et cette malheureuse créature dont une belle âme a empêché le père de mourir sur l'échafaud.

Le marquis de Veldère écouta patiemment cette longue harangue; elle lui apprenait d'ailleurs, et à fond, ce que son oncle n'avait pu que lui indiquer, mais elle ne changea rien à ses dispositions; il essaya d'éluder la réponse prompte et positive que la vicomtesse exigeait, en disant qu'en l'absence de son oncle, il ne pouvait rien conclure, refusa le dîner de famille auquel la dame l'engageait pour ce même jour, et, lorsqu'elle partit, il lui fut facile de connaître à quel point elle était mécontente et le mal que désormais elle dirait de lui.

M. de Mérange arriva sur ces entrefaites. Impatient de causer avec Gabriel, il y trouva d'abord certains obstacles, car tous les hommes compromis dans cette affaire majeure étaient mis au secret le plus rigoureux; il fallut négocier auprès du procureur général; et enfin, après des sollicitations prolongées, et ayant d'ailleurs la certitude que le duc de Mérange ne serait pas l'intermédiaire entre les autres voleurs et Gabriel, il obtint la permission souhaitée, et, en la compagnie de son neveu, se rendit à la conciergerie, où le lieutenant de la bande était détenu.

A la vue de celui que Gabriel regardait comme son rival, ses traits se couvrirent d'un sombre nuage, et il parut tenir conseil avec ses passions haineuses sur ce qu'il devait faire; mais la crainte d'un supplice honteux, le désir de la liberté, peut-être aussi l'espérance d'une vengeance éloignée et non moins certaine, le déterminèrent à parler; il commença par faire ses conditions, que le duc de Mérange accepta par écrit à l'avance : elles disaient que dans le cas où l'on ne pourrait sauver le prévenu de la nécessité d'un jugement, le duc s'engageait à obtenir la grâce pleine et entière de Gabriel, motivée sur le service majeur qui serait rendu à une grande famille. Une pension de douze mille francs de rente aiderait Gabriel à passer joyeusement la vie; enfin on allégerait les charges qui pesaient sur l'Italienne, à laquelle Gabriel avoua être uni clandestinement.

Cette dernière révélation était déjà très agréable à Louis, puisqu'elle mettait un obstacle invincible au mariage que Jules paraissait vouloir contracter; aussi Louis fut-il le premier à presser le duc, qui ne comprenait pas encore l'importance du secret que cet homme disait posséder, d'accéder à toutes les conditions. Lorsque la chose eut été résolue, Gabriel, reprenant la parole, apprit à M. de Mérange ce que les lecteurs savent déjà, l'échange consommé entre la fille du voleur et celle du duc, lorsque ces enfans étaient à la mamelle; il raconta ce que Renal lui en avait appris, et ajouta que lui-même savait à fond cette coupable intrigue; elle lui avait été dévoilée par la femme du voleur dont il était l'amant; et, en preuve de ce qu'il avançait, il remit au duc une déclaration solennelle de la mère prétendue, où se trouvaient tous les renseignemens que les tribunaux exigeraient, afin de pouvoir rendre légalement à Lucie son nouvel état civil ; des lettres de Renal à sa femme, et où il parlait clairement de ce crime, furent jointes au titre principal : on y trouvait encore la description du corps de la jeune fille avec la désignation de plusieurs marques naturelles, que l'on savait stigmatisées sur celui de l'enfant du duc, et qu'on n'avait qu'imparfaitement imitées sur la progéniture de Renal.

Ces documens étaient nombreux et concluans ; ils devaient suffire à la justice, lors même que le duc en contesterait l'authenticité, que corroborait d'ailleurs d'une manière encore plus victorieuse la ressemblance étonnante de Lucie (à laquelle nous conserverons ce nom) avec la duchesse, sa véritable mère. Or, comme M. de Mérange, loin de s'inscrire en faux contre des pièces qui le rendaient heureux complétement, aurait combattu pour elle, cela resta un fait acquis, et la reconnaissance solennelle de mademoiselle de Mérange suivit de près.

Ce fut un beau jour pour Louis et pour Lucie, que celui où un arrêt simultané des cours royales de Paris et de Toulouse déclara que la fraude des deux Renal avait ravi à mademoiselle de Mérange son droit et son état civil, où on raya de tout acte la qualification de fille Renal, et où sur celui de décès de la défunte fut rétablie cette dernière qualité. Lucie, de concert avec son père véritable, n'attendit pas ce dernier moment pour abandonner à Jules tous les droits qu'elle pouvait avoir sur la succession paternelle. Jules avait perdu la maison de Toulouse, que le domaine saisit pour faire face aux frais du grand procès; mais il lui restait des rentes, et la terre de Terclens le rendait riche encore. Cela ne le contenta pas; il sollicita Lucie, Louis et le duc avec tant d'insistance de s'intéresser à la mise en liberté d'Olivia; il leur jura avec une extrême chaleur que, satisfait d'obtenir ce qu'il demandait, il renoncerait à toute liaison avec elle, puisque, d'après l'aveu de Gabriel, il ne pouvait plus l'épouser, que l'on eût égard à sa prière; et l'instruction fut dirigée de telle sorte que l'on porta contre Olivia une seule sentence de déportation. Ceci eut lieu avant le jugement de Gabriel.

Charmée de se voir libre, et instruite de la fortune que la libéralité de mademoiselle de Mérange abandonnait à son ex-frère, l'Italienne, dès sa sortie de la conciergerie, s'empressa d'écrire à son amant pour qu'il accourût partager sa joie ; elle finissait en l'assurant d'une tendresse éternelle. Jules, en recevant cette lettre, sourit, non de ce contentement qu'un cœur satisfait éprouve, mais de cette manière dont éclate l'allégresse d'un esprit infernal.

Olivia le vit arriver, et, simulant une allégresse muette dans son âme, accourut à lui les bras ouverts pour l'embrasser.

— Cher ami, dit-elle, rappelle-toi que c'est dans ce même appartement où j'ai eu le bonheur de te connaître !

— Oui ! dit Jules, c'est ici où deux fois j'entrai innocent, et d'où, par deux fois, je sortirai coupable !

— Que dis-tu ?

— La vérité ! Tu m'as perdu ! tu m'as immolé à la vengeance de Gabriel envers mon père ! Je sais à fond votre complot, j'ai entendu à Terclens la dernière conversation avec cet infâme, et j'ai trouvé que tu étais encore plus coupable que lui !

— Jules, tu te trompes ! je t'aime, je te le prouverai.

— Et moi, je te hais, et je te le prouve !

A ces mots, le digne fils du voleur enfonça par deux fois dans le cœur de l'Italienne le poignard qu'il tenait caché dans la manche de son habit. Olivia tomba frappée à mort sans pousser un cri ; Jules, dès ce moment, disparut, et ce fut en vain que l'on chercha sa trace ; il avait, la veille du jour où il consomma ce dernier crime, vendu au marquis de Veldère le château de Terclens et ses dépendances.

Les charges qui pesaient sur Gabriel furent à tel point augmentées par les nombreuses révélations surgissantes de toutes parts, que le chancelier ne put se prêter à l'accomplissement des promesses faites à ce bandit par le duc de Mérange : la grâce consista en une prison perpétuelle. Gabriel, en apprenant son sort, entra dans un délire furieux ; et, comme il était peu surveillé, il s'empoisonna à l'aide d'un suc vénéneux et mortel qu'il portait toujours sur lui, et qu'il avait dérobé à l'investigation de la justice.

Madame de Valgagnac, instruite du mariage de mademoiselle de Mérange avec le marquis de Veldère qui venait d'être nommé avocat général à la cour de ....., se hâta de chercher un gendre pour sa nièce ; et, l'ayant trouvé, se reposa dans une dévotion exagérée des soins qu'elle s'était donnés pour bien établir mademoiselle de Nerville. Le sous-lieutenant Laurent Rumin, rentré dans la carrière des armes, fit un chemin rapide et trouva une femme digne de ses vertus.

FIN DU DEUXIÈME ET DERNIER VOLUME.

TABLE

DES CHAPITRES DU DEUXIÈME VOLUME.

Chapitre	I. Dieu est toujours là.	1
—	II. Les Montagnes noires.	35
—	III. L'Ascendant d'un Homme de bien. . .	57
—	IV. Le Conte.	79
—	V. Une partie du Voile levé.	103
—	VI. L'Echelle de corde.	125
—	VII. Retour du Père.	143
—	VIII. Les deux font la Paire.	165

Chapitre	IX. Le Père et la Fille........	187
—	X. La Diversion..........	213
—	XI. Une Nomination........	237
—	XII. Les Méchans aux prises......	257
—	XIII. On peut prévoir le Dénoûment...	275
—	XIV. Elle provoque son Châtiment....	301
—	XV. Ils s'accusent.........	321
—	XVI. Premier Châtiment.......	339
—	XVII. Conclusion du Châtiment.....	357

FIN DE LA TABLE.

DE PARIS A NAPLES,

PAR A. JAL,

Auteur des *Scènes de la Vie maritime*.

2 forts vol. in-8°. — 15 fr.

MADAME DE SOMMERVILLE,

PAR JULES SANDEAU.

2ᵉ édition. 3 vol. in-12.

ALMARIA,

PAR LE COMTE JULES DE RESSÉGUIER.

3ᵉ édition. 1 vol. in-8°, vig. — 7 fr. 50 c.

www.ingramcontent.com/pod-product-compliance
Lightning Source LLC
Chambersburg PA
CBHW050434170426
43201CB00008B/666